macarons

Annie Rigg

fotografias de Kate Whitaker

MACARONS
Publicado originalmente em 2011
Título original: **Macarons**
Por Ryland Peters & Small
20-21 Jockey's Fields
Londres WC1R 4BW

Copyright do texto © 2011 Annie Rigg
Copyright do design e das fotografias © 2011 Ryland Peters & Small
Todos os direitos reservados.

Nenhuma parte desta publicação pode ser reproduzida, armazenada em sistemas de recuperação, ou transmitida de maneira alguma, seja eletrônica, mecânica, fotocópia, gravação ou qualquer outro meio, sem autorização prévia do editor.

Este livro foi concebido, projetado, e produzido por
Ryland Peters & Small

Designer Sênior Iona Hoyle
Editora-chefe Céline Hughes
Diretora de Produção Gordana Simakovic
Diretora de Arte Leslie Harrington
Diretora de Publicações Alison Starling

Estilista de ambientes Liz Belton
Índice Hilary Bird

Tradução Sinésio Santos de Oliveira
Diagramação e revisão Ana Clara Goyeneche

Copyright da edição brasileira:
©2014 Ambientes & Costumes Editora Ltda.
Rua Itaquera, 475 – 01246-030 São Paulo, SP
Tel./Fax: (11) 3661-6678
contato@ambientesecostumes.com.br

Impresso e encadernado na China,
por Toppan Printing Co. Ltd.,
para Ambientes & Costumes Editora Ltda.,
em janeiro de 2014.

www.ambientesecostumes.com.br

ISBN 978-85-61749-43-9

Agradecimentos da autora

Mais uma vez, tive o enorme prazer de trabalhar com Kate Whitaker e Liz Belton. Aqui vai outro muitíssimo obrigada a vocês duas pelas belas fotografias e fabulosas ambientações. E agradeço à Rachel por sua maravilhosa assistência e pelas incessantes bandejas de macarons perfeitos. Sou enormemente grata à Céline e à Iona, da Ryland Peters & Small, por novamente fazerem com que tudo corresse bem. E à Holly, minha vizinha, que provou todas as receitas deste livro antes de declarar que os macarons são "verdadeiramente maravilhosos"!

Observações

° Todas as medidas de colheres são niveladas, exceto se especificado de outro modo.

° Os ovos utilizados são grandes, exceto se especificado de outro modo.

° O forno deverá ser pré-aquecido na temperatura especificada. Todo forno tem suas particularidades e funciona de modo único. Recomendamos usar um termômetro e sugerimos consultar o manual de instruções para orientações especiais, principalmente se você utilizar um forno de convecção, caso em que será necessário ajustar as temperaturas conforme as instruções do fabricante.

Fornecedores de corantes e aromatizantes

Reino Unido
Jane Asher, corantes e suprimentos para doces
www.jane-asher.co.uk

Squires, corantes (em pasta e pó) e extratos aromatizantes
www.squires-shop.com

EUA
Global Sugar Art, suprimentos de decoração de bolos
www.globalaçucarart.com

França & internacional
Deco relief, fornecedora francesa de aromatizantes líquidos concentrados
www.deco-relief.fr

sumário

macarons básicos • 6

frutas & flores • 18

café, caramelo & chocolate • 34

nozes & condimentos & tudo de bom • 50

índice • 64

macarons básicos

Quando você dominar esta receita, conseguirá criar diversas combinações de cores e sabores. As instruções resultam em 40 conchas de tamanho normal —20 macarons recheados — adequadas para as receitas do livro.

200 g / 1½ xícaras de glacê/açúcar de confeiteiro
100 g / 2/3 xícara de amêndoas moídas
120 a 125 g / ½ xícara de claras de ovo
  (cerca de 3 ovos)
40 g / 3 colheres de sopa de açúcar refinado
Uma pitada de sal
Saco de confeitar com bico de 1 cm
2 tabuleiros resistentes, forrados com papel
  vegetal antiaderente

a

b

c

d

1 Leve o glacê/açúcar de confeiteiro e as amêndoas ao processador de alimentos e bata por 30 segundos, até ficar totalmente misturado. Reserve.

2 Despeje as claras em uma vasilha limpa e seca. Adicione o sal e leve à batedeira até formar pontas firmes.

3 Continue a bater em velocidade média enquanto adiciona o açúcar refinado, uma colher de chá por vez. Misture bem entre cada adição, garantindo que o açúcar seja completamente absorvido antes da colherada seguinte. A mistura deverá ficar espessa, branca e brilhante. **(a)**

4 Neste ponto você deverá adicionar o corante em pasta, se for utilizá-lo. Use um palito de coquetel para mexer a massa, misturando completamente de modo que a cor fique homogênea. Raspe as laterais da tigela com uma espátula de borracha.

5 Use uma colher grande de metal para adicionar a mistura de glacê e amêndoas às claras de ovo. **(b)**

e

6 A mistura deverá ficar completamente unida e homogênea, o que pode levar até 1 minuto. Quando pronta, a mistura deve deslizar pela colher de forma homogênea. **(c)**

7 Encha o saco de confeitar com a mistura e desenhe circunferências de tamanho uniforme (cerca de 5 cm) nos tabuleiros preparados. **(d)**

(Se você estiver seguindo uma receita do livro que peça Macarons Básicos, retome a receita principal neste ponto.)

8 Bata a parte inferior dos tabuleiros sobre a bancada, uma vez e com delicadeza, a fim de expelir quaisquer bolhas grandes de ar.

9 Você pode espalhar decorações comestíveis, corante líquido, etc. sobre as conchas de macaron não assadas neste estágio.

10 Aguarde no mínimo 15 minutos e no máximo 1 hora, até que os macarons tenham criado uma concha seca. Eles não deverão estar viscosos, pegajosos ou úmidos quando em contato com seus dedos. **(e)**

11 Pré-aqueça o forno a 170°C (325°F – Gas 3).

12 Asse os macarons na prateleira do meio do forno, um tabuleiro por vez, por 10 minutos. A parte de cima deverá ficar quebradiça e a de baixo, seca. Deixe esfriar no tabuleiro.

dicas de sucesso

° Antes de começar, pese cuidadosamente todos os ingredientes, deixe-os em temperatura ambiente e apronte seu equipamento. Forre os tabuleiros com papel vegetal. Sou da opinião de que os resistentes tabuleiros escuros têm desempenho melhor do que os prateados.

° Ajuste o saco de confeitar com o bico correto. Acho mais fácil dobrar o saco logo acima do bico e colocá-lo em uma tigela com a parte superior aberta, para despejar a mistura diretamente no saco, sem usar a colher.

° Se quiser garantir que todos os macarons tenham o mesmo tamanho, use um cortador de biscoito como guia. Utilize-o para desenhar 20 círculos em cada folha de papel vegetal, vire-a para que as marcas fiquem no verso, e esprema a mistura sobre os círculos.

° Deixe os macarons não assados descansando em superfície nivelada. Este é um momento crucial, que ajuda a formar uma superfície brilhante e garante que os macarons tenham os "pés" caracteristicamente enrugados quando saírem do forno.

° Não há dois fornos iguais, de modo que você deverá ajustar a temperatura em alguns graus ou mudar a posição dos tabuleiros ao longo do processo de preparo, se o forno apresentar pontos mais quentes.

° Assim que estiverem assados, frios e recheados, cubra os macarons e deixe no refrigerador ou em local fresco por 30 minutos antes de servir.

° Não desista se seus macarons não ficarem perfeitos na primeira vez. A prática leva à perfeição!

sabores tradicionais

Uma vez que você tenha dominado a arte e a técnica dos macarons simples, pode deixar sua imaginação correr solta com sabores e cores.

Há muitas opções de corantes em pasta atualmente, e os corantes em pó são cada vez mais comuns em fornecedores online. Os corantes líquidos naturais estão disponíveis em número limitado de cores, em geral vermelho, roxo, verde e amarelo. Você obterá cores menos vibrantes com este tipo de corante.

Os óleos e extratos naturais são uma ótima maneira de aromatizar seus macarons, e fornecedores online trabalham com aromatizantes bem incomuns, como violeta e maçã-do-amor (veja p. 4). É bom se lembrar que menos é mais: os macarons devem ficar delicadamente aromatizados, sem exageros.

Todas as receitas de macarons aromatizados na página ao lado têm como ponto de partida as instruções para Macarons Básicos da página 6.

pistache

50 g / ½ xícara de pistaches sem casca e sem sal
200 g / 1½ xícaras de glacê/açúcar de confeiteiro
75 g / ½ xícara de amêndoas moídas
120 a 125 g / ½ xícara de claras de ovo (3 ovos)
40 g / 3 colheres de sopa de açúcar refinado
Corante em pasta verde
Uma pitada de sal

Use pistaches sem sal e sem casca de boa qualidade. Moa-os bem em um processador de alimentos, juntamente com o glacê/açúcar de confeiteiro e as amêndoas, no passo 1 da receita básica da página 6. Adicione o corante em pasta verde no passo 4, e prossiga com a receita.

framboesa

200 g / 1½ xícaras de glacê/açúcar de confeiteiro
100 g / 2/3 xícara de amêndoas moídas
120 a 125 g / ½ xícara de claras de ovo (3 ovos)
40 g / 3 colheres de sopa de açúcar refinado
Aromatizante de framboesa
Corante em pasta rosa
Uma pitada de sal

Siga a receita básica na página 6. Adicione um pouco de aromatizante de framboesa e corante em pasta rosa, no passo 4. Prossiga com a receita. Se não encontrar aromatizante de framboesa, você pode apenas rechear as conchas de macaron não aromatizadas com geleia de framboesa da melhor qualidade.

limão

200 g / 1½ xícaras de glacê/açúcar de confeiteiro
100 g / 2/3 xícara de amêndoas moídas
120 a 125 g / ½ xícara de claras de ovo (3 ovos)
40 g / 3 colheres de sopa de açúcar refinado
1 limão não encerado
Corante em pasta amarelo
Uma pitada de sal

Siga a receita básica na página 6. Lave e seque o limão não encerado e rale bem a casca. Adicione à mistura de macaron no passo 4, com um pouco de corante em pasta amarelo. Prossiga com a receita. Recheie as conchas com um delicioso Creme de Limão caseiro (receita na página 10).

chocolate

2 col. de sopa de cacau em pó de boa qualidade
200 g / 1½ xícaras de glacê/açúcar de confeiteiro menos 1 colher de sopa
100 g / 2/3 xícara de amêndoas moídas
120 a 125 g / ½ xícara de claras de ovo (3 ovos)
40 g / 3 colheres de sopa de açúcar refinado
Corante em pasta vermelho
Uma pitada de sal

Coloque o cacau em pó em um processador de alimentos juntamente com o glacê/açúcar de confeiteiro e as amêndoas moídas, no passo 1 da receita básica na página 6. Adicione um pouco de corante em pasta vermelho no passo 4, para intensificar levemente a cor. Prossiga com a receita. Recheie com Ganache de Chocolate (receita na página 10).

sabores tradicionais

recheios

ganache de chocolate

150 g de chocolate escuro/
 meio amargo, bem picado
150 ml /2/3 xícara de creme
 de leite fresco
1 col. de sopa de açúcar mascavo *light*
Uma pitada de sal

Coloque o chocolate em uma tigela refratária pequena. Coloque o creme e o açúcar em uma panela pequena e aqueça até o açúcar se dissolver e o creme ferver. Adicione o sal. Depois, despeje o creme quente sobre o chocolate picado e deixe derreter. Mexa até ficar homogêneo. Deixe solidificar um pouco antes de usar.

creme de limão

3 gemas de ovo
75 g / 1/3 xícara de açúcar refinado
3 colheres de sopa de manteiga sem sal, em cubos
Casca ralada e suco recém-espremido de 1 limão não encerado

Coloque todos os ingredientes em uma tigela refratária média posicionada sobre uma panela com água em fervura lenta. Mexa com uma colher de pau até o açúcar se dissolver e a manteiga derreter. Continue a cozinhar, mexendo de tempos em tempos, até o creme ficar espesso e cobrir a parte de trás de uma colher. Isso levará cerca de 15 minutos. Coe em uma tigela limpa, cubra com filme de PVC transparente e deixe esfriar. Refrigere até o ponto necessário.

creme de baunilha

3 gemas de ovo
75 g/ ¾ xícara de açúcar refinado
1 colher de sopa de farinha de milho/amido de milho
250 ml / 1 xícara de leite integral
1 fava de baunilha, cortada longitudinalmente
3 col. de sopa de manteiga sem sal
100 ml / ½ xíc. de creme de leite fresco

Coloque as gemas, o açúcar e a farinha ou amido de milho em uma tigela refratária e bata até misturar.

Aqueça o leite com a fava em uma panela pequena até começar a ferver. Tire a baunilha e despeje o leite sobre a mistura de ovo, mexendo sempre, até ficar homogêneo. Despeje a mistura de volta na panela e cozinhe em fogo baixo, mexendo até o pudim engrossar. Coe em uma tigela limpa, adicione a manteiga e mexa até a manteiga derreter e se incorporar à mistura. Cubra com filme de PVC e deixe esfriar antes de refrigerar.

Bata o creme até ficar firme e acrescente ao pudim refrigerado.

buttercream

125 g / 1 tablete de manteiga sem sal, derretida
250 g / 1 2/3 xícaras de glacê/açúcar de confeiteiro, peneirado
1 colher de chá de: extrato de baunilha, limão, café, laranja ou água de rosas

Bata a manteiga até ficar cremosa e clara. Adicione gradualmente o glacê/açúcar de confeiteiro peneirado, mexendo bem até o *buttercream* ficar homogêneo. Adicione o aromatizante escolhido e mexa bem para misturar. Use em temperatura ambiente.

ganache de chocolate branco

150 g de chocolate branco, bem picado
5 colheres de sopa de creme de leite fresco
1 colher de chá de extrato de baunilha

Coloque o chocolate em uma tigela refratária pequena. Coloque o creme e o extrato de baunilha em uma panela pequena e aqueça até o creme ficar em ponto de fervura. Despeje a mistura quente sobre o chocolate picado e deixe derreter por 1 minuto. Mexa até ficar homogêneo e deixe esfriar. Cubra e refrigere até engrossar.

creme de *mascarpone*

Adoce a quantidade necessária de *mascarpone* ou chantilly com glacê/açúcar de confeiteiro ou açúcar refinado. Adicione uma gota de extrato de baunilha ou de café, casca e suco de cítricos ou mesmo uma pequena quantidade de seu licor preferido.

ideias extras

Se estiver com pouco tempo, você pode simplesmente rechear os macarons com geleia, pasta de chocolate ou calda *toffee* industrializadas, da melhor qualidade. Também pode fazer uma espiral com chantilly, *mascarpone* ou *crème fraîche*.

Eis algumas sugestões de recheios rápidos:

- Misture framboesas ou morangos levemente amassados com chantilly.
- Misture polpa de maracujá com creme de limão.
- Recheie cada macaron com uma pequena bola de seu sorvete favorito e sirva com calda de chocolate ou *coulis* de frutas frescas.

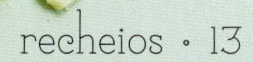

combinações celestiais

Com pouca inspiração? Experimente uma destas combinações perfeitas! Cada pilha é feita de um único sabor de concha, com os recheios sugeridos de cima para baixo.

conchas de coco

na página 57, recheadas com:
mascarpone de damasco (página 21)
banana caramelizada (página 38)
ganache de maracujá (página 46)

conchas de chocolate

na página 9, recheadas com:
caramelo salgado (página 37)
creme de café (página 35)
creme de amendoin (página 54)

conchas de amêndoa

na página 58, recheadas com:

ganache de chocolate branco (página 13)

ganache de chocolate (página 10)

aroma de biscoito de gengibre (página 51)

conchas de leite maltado

na página 45, recheadas com:

ganache de avelã e chocolate (página 61)

calda *toffee* industrializada

pralinê de amêndoa (página 58)

combinações criativas

Quando você experimentar as diferentes combinações de sabores, logo descobrirá que não há limites para as fabulosas misturas que podem ser criadas. Por que não inventar duas conchas diferentes e uma série de três ou quatro recheios para criar uma caixa sortida?

Estas são algumas combinações alternativas de que gosto muito:

° Conchas de framboesa com ganache de chocolate ou de chocolate branco.

° Conchas de baunilha com recheio de damasco ou manga.

° Conchas rosas e verdes com geleia de framboesa e chantilly.

° Conchas de chocolate e leite maltado com recheio de café.

° Conchas de coco e banana com ganache de chocolate.

° Conchas de chocolate com recheio de aroma de biscoito de gengibre.

° Conchas de limão com recheio de mirtilo fresco.

frutas & flores

Tente moldar estes macarons em delicadas barrinhas, em vez da usual forma redonda. Recheie com purê de mirtilo, mirtilos frescos e um delicioso creme de baunilha.

mirtilo & baunilha

1 receita de Macarons Básicos (p. 6)
Corante em pasta roxo
Confeitos de açúcar rosas ou roxos

recheio

300 g / 3 xícaras de mirtilos
1 col. de sopa de açúcar granulado
1 receita de Creme de Baunilha (p. 11)

2 tabuleiros resistentes, forrados com papel vegetal
Um saco de confeitar com bico/ponta em estrela

Prepare o macarons conforme a receita da página 6. Adicione o corante em pasta roxo à mistura de merengue no passo 4.

Com a mistura, molde barrinhas de 6 cm, em lugar de circunferências, sobre os tabuleiros. Bata-os levemente na bancada de trabalho. Espalhe os confeitos de açúcar por cima. Deixe os macarons descansando de 15 minutos a 1 hora.

Pré-aqueça o forno a 170°C (325°F – Gas 3). Asse os macarons na prateleira do meio do forno, um tabuleiro por vez, por 10 minutos. Deixe esfriar no tabuleiro.

Para o recheio, coloque metade dos mirtilos em uma panela pequena, adicione o açúcar e 1 colher de sopa de água e cozinhe em fogo médio, até que as bagas se amoleçam e se rompam. Continue a cozinhar até tomar a consistência de geleia. Transfira para uma peneira de náilon ou coador, pressione e deixe de lado para esfriar.

Espalhe o recheio sobre as conchas de macaron e distribua os mirtilos inteiros por cima. Insira o creme de baunilha entre os mirtilos e complete com as conchas de macaron restantes.

Decore a parte de cima dos macarons com salpicos de corante líquido amarelo e vermelho. Se estiver na estação, você pode recheá-los com purê de damascos frescos.

damasco & amêndoa

1 receita de Macarons Básicos (p. 6)
Corante em pasta amarelo
Corante líquido vermelho e amarelo

recheio

150 g / 1 xícara de damascos secos prontos para consumo
1 colher de sopa de suco de limão
1 colher de sopa de mel
2 a 3 colheres de sopa de Amaretto ou licor de damasco
4 colheres de sopa generosas de *mascarpone*
2 tabuleiros resistentes, forrados com papel vegetal
Uma escova de dentes limpa

Comece a fazer o recheio um dia antes das conchas de macaron.

Pique desigualmente os damascos e coloque-os em uma panela com o suco de limão, o mel e o Amaretto ou licor. Aqueça gradativamente, mas não ferva. Tire do fogo e deixe os damascos de molho de um dia para o outro, até ficarem redondinhos e suculentos.

No dia seguinte, bata os damascos e qualquer líquido restante em um processador de alimentos, até ficar o mais homogêneo possível. Adicione o *mascarpone* e bata até incorporar. Use uma colher para colocar em uma tigela, cubra e refrigere até o ponto necessário.

Prepare os macarons conforme a receita da página 6, adicionando corante em pasta amarelo à mistura de merengue no passo 4.

Molde círculos da mistura sobre os tabuleiros. Bata-os levemente na bancada de trabalho. Pingue um pouco de corante vermelho em um pires e mergulhe a escova de dentes limpa nele. Bata de leve as cerdas sobre os macarons, para que fiquem salpicados de vermelho. Repita com o corante amarelo. Deixe os macarons descansando por 15 minutos a 1 hora.

Pré-aqueça o forno a 170°C (325°F – Gas 3). Asse os macarons na prateleira do meio, um tabuleiro por vez, por 10 minutos. Deixe esfriar no tabuleiro.

Espalhe o recheio sobre metade das conchas e feche com a outra metade. Deixe descansar por cerca de 30 minutos antes de servir.

Este macaron tem um sabor surpreendente depois da primeira mordida: inicialmente você sentirá o profundo sabor do chocolate, mas o cassis chegará de mansinho, tomando conta.

cassis & chocolate

1 receita de Macarons Básicos (p. 6)

Corante em pasta roxo

recheio

125 g / 1 xícara generosa de cassis frescos ou congelados

1 a 2 colheres de sopa de açúcar granulado

1 colher de sopa de licor de cassis

100 ml /½ xícara de creme de leite fresco

½ colher de sopa de açúcar mascavo *light*

100 g de chocolate amargo/meio amargo, bem picado

2 tabuleiros resistentes, forrados com papel vegetal

Prepare o recheio antes de fazer as conchas de macaron.

Coloque os cassis em uma panela pequena, adicione o açúcar granulado e 1 colher de sopa de água. Cozinhe em fogo baixo até os cassis ficarem macios e suculentos. Tire do fogo e pressione por uma peneira de náilon ou coador em uma tigela. Experimente. Adicione açúcar, se necessário. Retorne o purê à panela juntamente com o licor e cozinhe em fogo baixo, mexendo sempre até reduzir a 4 colheres de sopa.

Coloque o creme e o açúcar mascavo em uma panela pequena e leve até o ponto de fervura. Coloque o chocolate em uma tigela refratária, despeje o creme quente por cima e misture até ficar homogêneo. Adicione o purê de cassis e deixe esfriar. Cubra e refrigere até estar pronto para o uso.

Prepare os macarons conforme a receita da página 6, adicionando corante em pasta roxo à mistura de merengue no passo 4.

Molde a mistura em círculos sobre os tabuleiros. Bata-os de leve sobre a bancada e deixe-os descansando por 15 minutos a 1 hora.

Pré-aqueça o forno a 170°C (325°F – Gas 3). Asse os macarons na prateleira do meio, um tabuleiro por vez, por 10 minutos. Deixe esfriar.

Espalhe o recheio sobre metade das conchas e feche com a outra metade. Deixe descansar por cerca de 30 minutos antes de servir.

Você pode fazer caixas destes graciosos macarons com aroma de rosas em vários tons de cor-de-rosa. Perfeito para um chá da tarde com as amigas!

rosa

1 receita de Macarons Básicos (p. 6)

Corante em pasta rosa

½ colher de chá de água de rosas

1 colher de sopa de confeitos rosas ou pétalas de rosas cristalizadas, bem picadas

recheio

1 porção de *Buttercream* (p. 11, com ½ col. de chá de água de rosas)

2 tabuleiros resistentes, forrados com papel vegetal

Um saco de confeitar com bico/ponta em estrela

Prepare os macarons conforme a receita da página 6, adicionando o corante em pasta rosa e a água de rosas à mistura no passo 4.

Molde círculos da mistura sobre os tabuleiros. Bata-os na bancada de trabalho, e espalhe os confeitos ou as pétalas por cima. Deixe os macarons descansando por 15 minutos a 1 hora.

Pré-aqueça o forno a 170°C (325°F – Gas 3). Asse os macarons na prateleira do meio do forno, um tabuleiro por vez, por 10 minutos. Deixe esfriar no tabuleiro.

Encha o saco de confeitar com o *buttercream* aromatizado de rosas e esprema sobre metade das conchas de macaron. Feche com a outra metade. Deixe descansar por cerca de 30 minutos antes de servir.

Similar ao chocolate com creme de *fondant* violeta, mas em um macaron. Consulte os fornecedores da página 4 para obter o aromatizante violeta.

cremes de violeta

1 receita de Macarons Básicos (p. 6)

1 a 2 colheres de chá de aromatizante violeta (ver página 4)

Corante em pasta roxo

recheio

½ receita de Ganache de Chocolate (p. 10)

½ receita de Ganache de Chocolate Branco (p. 13)

2 tabuleiros resistentes, forrados com papel vegetal

2 sacos de confeitar com bicos/pontas em estrela

rende 30 unidades

Prepare os macarons conforme a receita da página 6, adicionando o aromatizante violeta e um pouco de corante em pasta roxo à mistura de merengue no passo 4.

Molde círculos da mistura com 2,5 cm sobre os tabuleiros. Bata-os de leve sobre a bancada de trabalho. Deixe os macarons descansando por 15 minutos a 1 hora.

Pré-aqueça o forno a 170°C (325°F – Gas 3). Asse os macarons na prateleira do meio do forno, um tabuleiro por vez, por 7 minutos. Deixe esfriar.

Encha cada saco de confeitar com os ganaches preparados. Separe as conchas em dois grupos. Recheie metade de um com o ganache de chocolate e metade do outro, com o ganache de chocolate branco. Feche as conchas. Deixe descansar por cerca de 30 minutos antes de servir.

Eis uma combinação clássica de frutas do outono que funciona perfeitamente com macarons, não apenas por ser deliciosa, mas também porque as cores se complementam.

maçã & amora

1 receita de Macarons Básicos (p. 6)
Corante em pasta roxo
Corante em pasta verde

recheio

4 maçãs pequenas, como *Cox* ou *Winesap*

1 colher de sopa de açúcar granulado

Suco recém-espremido de ½ limão

125 g / 1 xícara de amoras

100 ml / ½ xícara de creme de leite fresco

2 tabuleiros resistentes, forrados com papel vegetal

Um saco de confeitar com bico/ponta em estrela

Prepare o recheio antes de fazer as conchas de macaron.

Descasque, tire as sementes, pique desigualmente as maçãs e coloque-as em uma panela média com o açúcar e o suco de limão. Cubra e cozinhe em fogo baixo até que as frutas comecem a amolecer, mexendo de tempos em tempos. Adicione as amoras e continue a cozinhar por 10 a 15 minutos, até as frutas se tornarem um purê espesso. Tire do fogo e pressione por uma peneira de náilon ou coador em uma tigela pequena. Experimente. Adicione açúcar, se necessário.

Prepare os macarons conforme a receita da página 6. Quando chegar ao passo 4, divida a mistura em duas tigelas. Em uma, adicione corante em pasta roxo; na outra, corante em pasta verde.

Molde 20 círculos de cada cor em cada tabuleiro. Bata-os de leve sobre a bancada. Deixe descansar por 15 minutos a 1 hora.

Pré-aqueça o forno a 170°C (325°F – Gas 3). Asse os macarons na prateleira do meio, um tabuleiro por vez, por 10 minutos. Deixe esfriar no tabuleiro.

Bata levemente o creme. Espalhe o recheio de frutas sobre as conchas de macaron roxas. Encha o saco de confeitar com o creme batido e esprema sobre as conchas verdes. Feche as duas metades e deixe descansar por cerca de 30 minutos antes de servir.

frutas & flores

O sabor do verão em um macaron! Lembra alguns *scones* ingleses e o bolo sanduíche Victoria. Fica ainda melhor se feito com geleia de morango caseira.

morangos & creme

1 receita de Macarons Básicos (p. 6)

1 fava de baunilha, cortada longitudinalmente

Glitter comestível vermelho ou rosa

recheio

4 colheres de sopa de geleia de morango da melhor qualidade

1 receita de Creme de Baunilha (p. 11)

2 tabuleiros resistentes, forrados com papel vegetal

Um saco de confeitar com bico/ponta comum

Prepare os macarons conforme a receita da página 6. Remova as sementes de baunilha da fava. Acrescente-a no passo 4.

Molde círculos da mistura nos tabuleiros. Bata-os de leve sobre a bancada, e espalhe o glitter por cima. Deixe descansando por 15 minutos a 1 hora.

Pré-aqueça o forno a 170°C (325°F – Gas 3). Asse os macarons na prateleira do meio do forno, um tabuleiro por vez, por 10 minutos. Deixe esfriar no tabuleiro.

Pegue metade das conchas e espalhe cerca de ½ colher de chá de geleia de morango sobre cada uma. Encha o saco de confeitar com o Creme de Baunilha e esprema sobre o restante das conchas. Junte ambas as partes e deixe descansar por 30 minutos antes de servir.

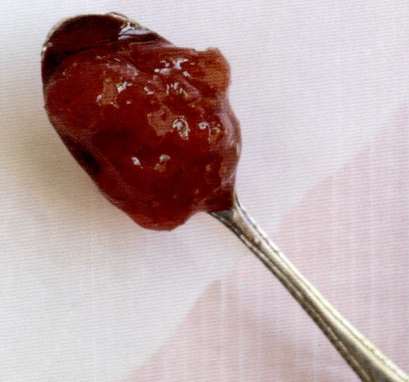

Cremes de frutas são deliciosos, e este de framboesa e de maracujá não é exceção. Você pode adicionar corante para obter um rosa mais vivo.

framboesa & maracujá

1 receita de Macarons Básicos (p. 6)
Corante em pasta vermelho ou rosa

recheio

125 g / 1 xícara de framboesas

2 maracujás

3 gemas de ovo

50 g / ¼ de xíc. de açúcar refinado

50 g / 3 colheres de sopa de manteiga sem sal, em cubos

2 tabuleiros resistentes, forrados com papel vegetal

Prepare os macarons conforme a receita da página 6, adicionando corante em pasta vermelho ou rosa à mistura no passo 4.

Molde círculos da mistura nos tabuleiros. Bata-os de leve na bancada de trabalho e deixe descansando por 15 minutos a 1 hora.

Pré-aqueça o forno a 170°C (325°F – Gas 3). Asse os macarons na prateleira do meio, um tabuleiro por vez, por 10 minutos. Deixe esfriar no tabuleiro.

Para o recheio, bata as framboesas em um processador de alimentos e pressione através de uma peneira de náilon em uma tigela refratária média. Corte os maracujás em duas metades e coloque as sementes e o suco na mesma tigela. Adicione as gemas de ovo, o açúcar e a manteiga sem sal. Posicione a tigela sobre uma panela com água em fervura lenta e cozinhe por cerca de 10 a 15 minutos, mexendo de tempos em tempos até o creme ficar espesso e cobrir a parte de trás de uma colher. Coe em uma tigela limpa e adicione um pouquinho de corante em pasta vermelho ou rosa, se precisar acentuar a cor da framboesa. Cubra com filme de PVC transparente e deixe esfriar antes de refrigerar por duas horas.

Espalhe o recheio sobre metade das conchas e feche com a outra metade. Deixe descansar por cerca de 30 minutos antes de servir.

café, caramelo & chocolate

Faça uma camada de recheio bem grossa nestes deliciosos macarons sabor café. Você também pode rechear as conchas com Ganache de Chocolate (página 10) aromatizado com extrato de café.

cappuccino

1 receita de Macarons Básicos (p. 6)

2 colheres de chá de extrato de café ou 2 colheres de chá de café solúvel dissolvido em 1 de água fervente

Corante em pasta marrom

Cacau em pó, para polvilhar

recheio

1 receita de Creme de Baunilha (p. 11)

1 colher de chá de extrato de café

2 tabuleiros resistentes, forrados com papel vegetal

Um saco de confeitar com bico/ponta comum

Prepare os macarons conforme a receita da página 6, adicionando o extrato de café e o corante em pasta marrom à mistura no passo 4.

Molde círculos da mistura nos tabuleiros. Bata-os de leve na bancada de trabalho e polvilhe um pouco de cacau em pó por cima. Deixe os macarons descansando por 15 minutos a 1 hora.

Pré-aqueça o forno a 170°C (325°F – Gas 3). Asse os macarons na prateleira do meio, um tabuleiro por vez, por 10 minutos. Deixe esfriar no tabuleiro.

Para o recheio, prepare o Creme de Baunilha de acordo com a receita na página 11 e adicione o extrato de café. Encha o saco de confeitar com o creme de café e esprema em metade das conchas de macaron. Esprema duas ou três camadas de recheio para que fique bem generoso. Feche com a outra metade e deixe descansar por cerca de 30 minutos antes de servir.

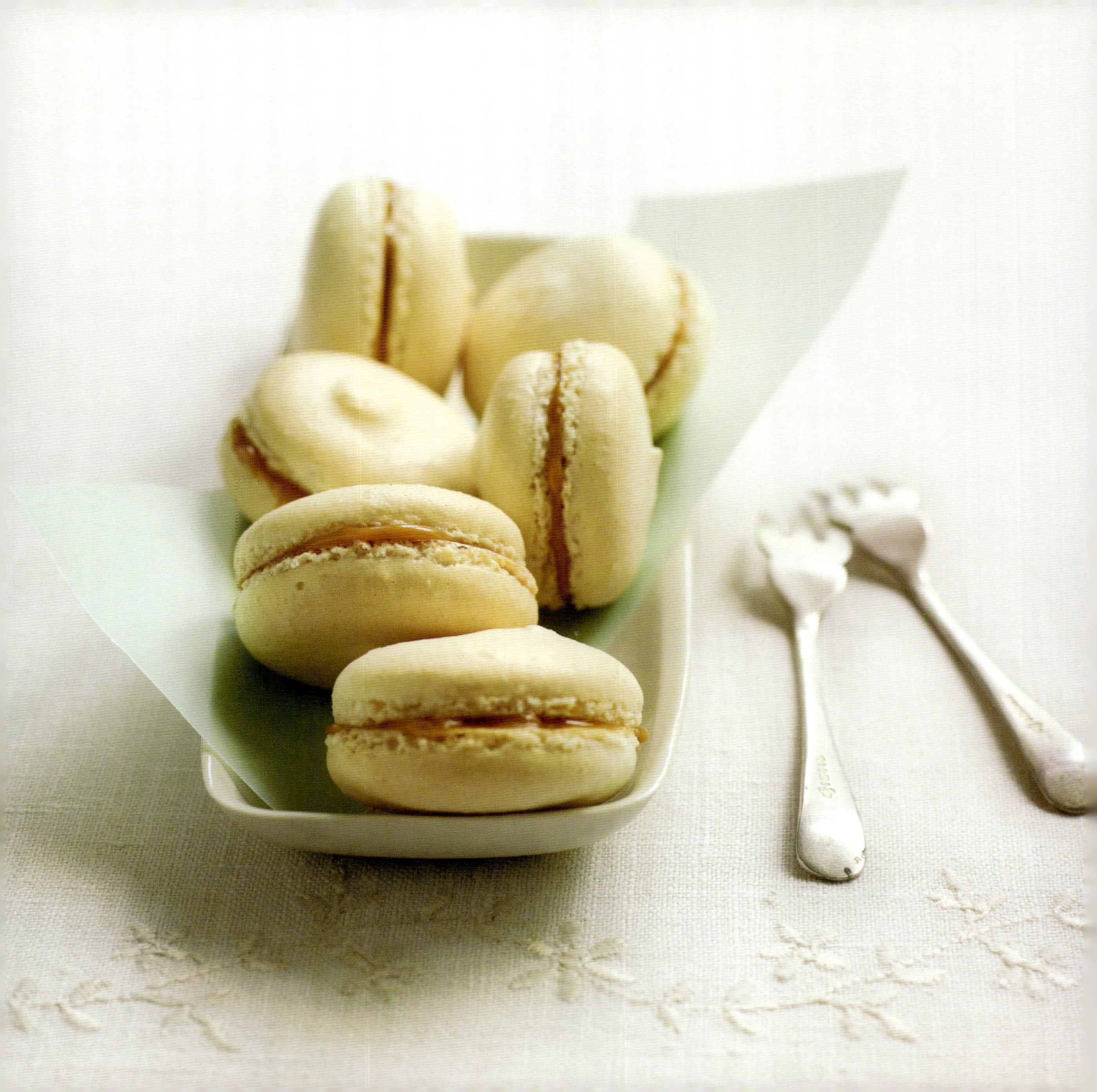

Este parece ser o sabor do momento. A combinação é como um sonho ensanduichado por macarons!

caramelo salgado

1 receita de Macarons Básicos (p. 6)
1 col. de chá de extrato de baunilha

recheio

75 g / 1/3 xícara de açúcar refinado

75 g / 1/3 xícara de açúcar mascavo *light*

50 g / 3 colheres de sopa de manteiga sem sal

100 ml / ½ xícara creme de leite fresco

½ colher de chá de flocos de sal marinho

2 tabuleiros resistentes, forrados com papel vegetal

Prepare os macarons conforme a receita da página 6, adicionando o extrato de baunilha à mistura de merengue no passo 4.

Molde círculos da mistura nos tabuleiros. Bata-os levemente na bancada de trabalho e deixe descansando por 15 minutos a 1 hora.

Pré-aqueça o forno a 170°C (325°F – Gas 3). Asse os macarons na prateleira do meio, um tabuleiro por vez, por 10 minutos. Deixe esfriar no tabuleiro.

Para o recheio, coloque o açúcar refinado e 2 colheres de sopa de água em uma panela pequena em fogo baixo. Deixe o açúcar se dissolver completamente. Leve até o ponto de fervura e cozinhe até o xarope se tornar um caramelo de cor âmbar. Tire do fogo e adicione o açúcar mascavo, a manteiga e o creme. Mexa para dissolver, e retorne ao fogo baixo. Ferva lentamente por 3 a 4 minutos, até o caramelo engrossar e cobrir a parte de trás de uma colher. Tire do fogo, adicione o sal e despeje em uma tigela. Deixe até ficar completamente frio e espesso.

Espalhe o recheio sobre metade das conchas e feche com a outra metade. Deixe descansar por cerca de 30 minutos antes de servir.

Nesta versão adulta do favorito da família, as bananas, o caramelo, o chocolate e o creme competem em um recheio divino.

banoffee

1 receita de Macarons Básicos (p. 6)

Corante em pasta amarelo

2 a 3 colheres de sopa de lascas de banana desidratada bem picadas

recheio

75 g / 1/3 de xícara de açúcar refinado

1 banana grande ou 2 pequenas: maduras, descascadas e cortadas em fatias grossas

100 ml / ½ xícara de creme de leite fresco

1 receita de Ganache de Chocolate (p. 10)

2 tabuleiros resistentes, forrados com papel vegetal

Um saco de confeitar com bico/ponta normal

Prepare os macarons conforme a receita da página 6, adicionando corante em pasta amarelo à mistura de merengue no passo 4.

Molde círculos da mistura nos tabuleiros. Bata-os de leve na bancada de trabalho e espalhe as lascas de banana picada por cima. Deixe os macarons descansando por 15 minutos a 1 hora.

Pré-aqueça o forno a 170°C (325°F – Gas 3). Asse os macarons na prateleira do meio, um tabuleiro por vez, por 10 minutos. Deixe esfriar no tabuleiro.

Para o recheio, coloque o açúcar e 1 a 2 colheres de sopa de água em uma panela pequena em fogo baixo. Deixe o açúcar dissolver completamente. Aumente o fogo e leve até o ponto de fervura. Cozinhe até o xarope se tornar um caramelo de cor âmbar. Tire do fogo e adicione as bananas fatiadas. Mexa para que sejam cobertas pelo caramelo até amolecerem. Despeje o conteúdo da panela em um processador de alimentos e misture até ficar homogêneo. Deixe esfriar completamente.

Bata levemente o creme. Espalhe o Ganache de Chocolate sobre metade das conchas de macaron. Encha o saco de confeitar com o creme e esprema um círculo sobre a outra metade das conchas. Use uma colher para colocar a calda do banoffee no meio. Feche os macarons e deixe descansar por cerca de 30 minutos antes de servir.

café, caramelo & chocolate

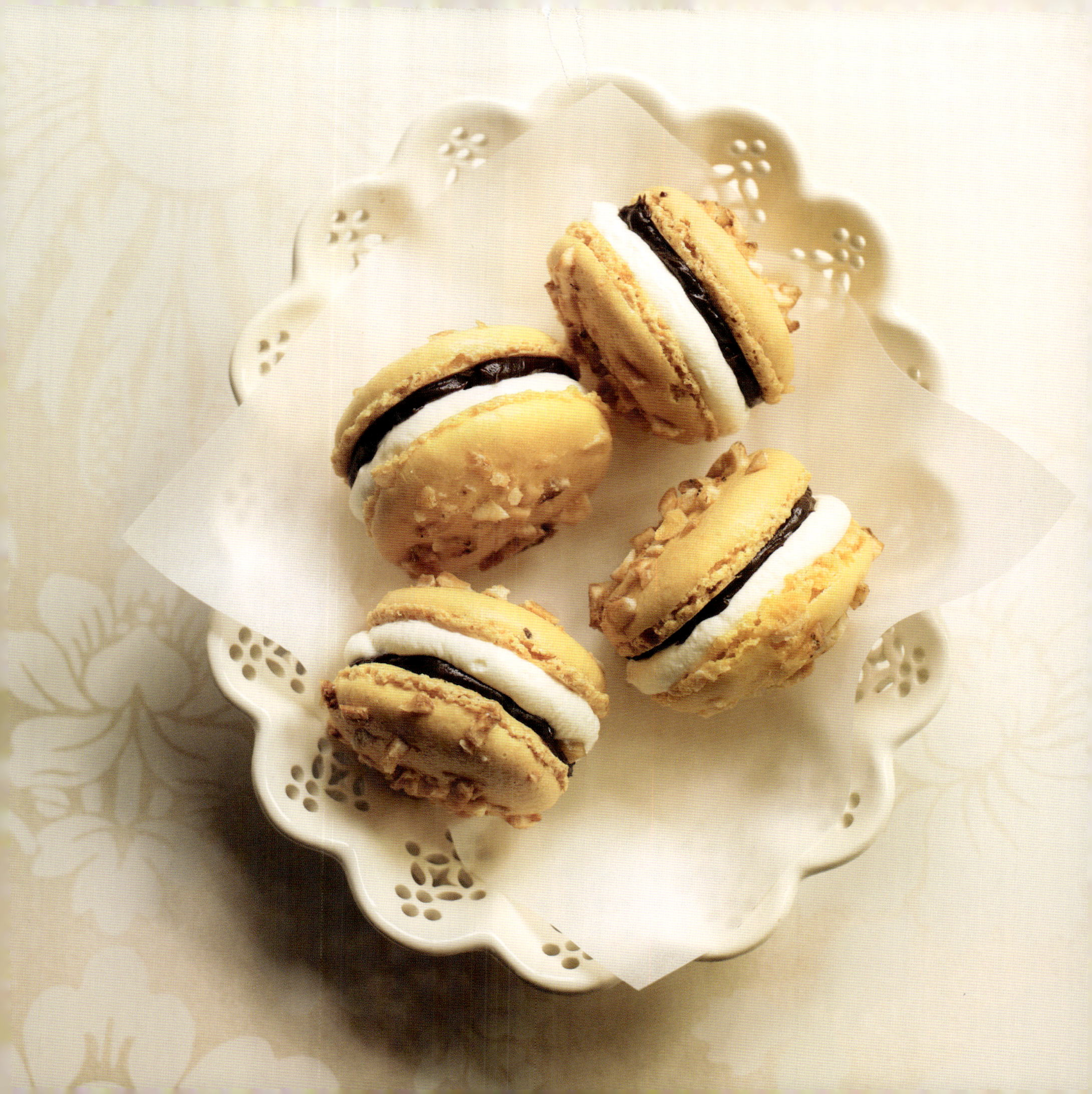

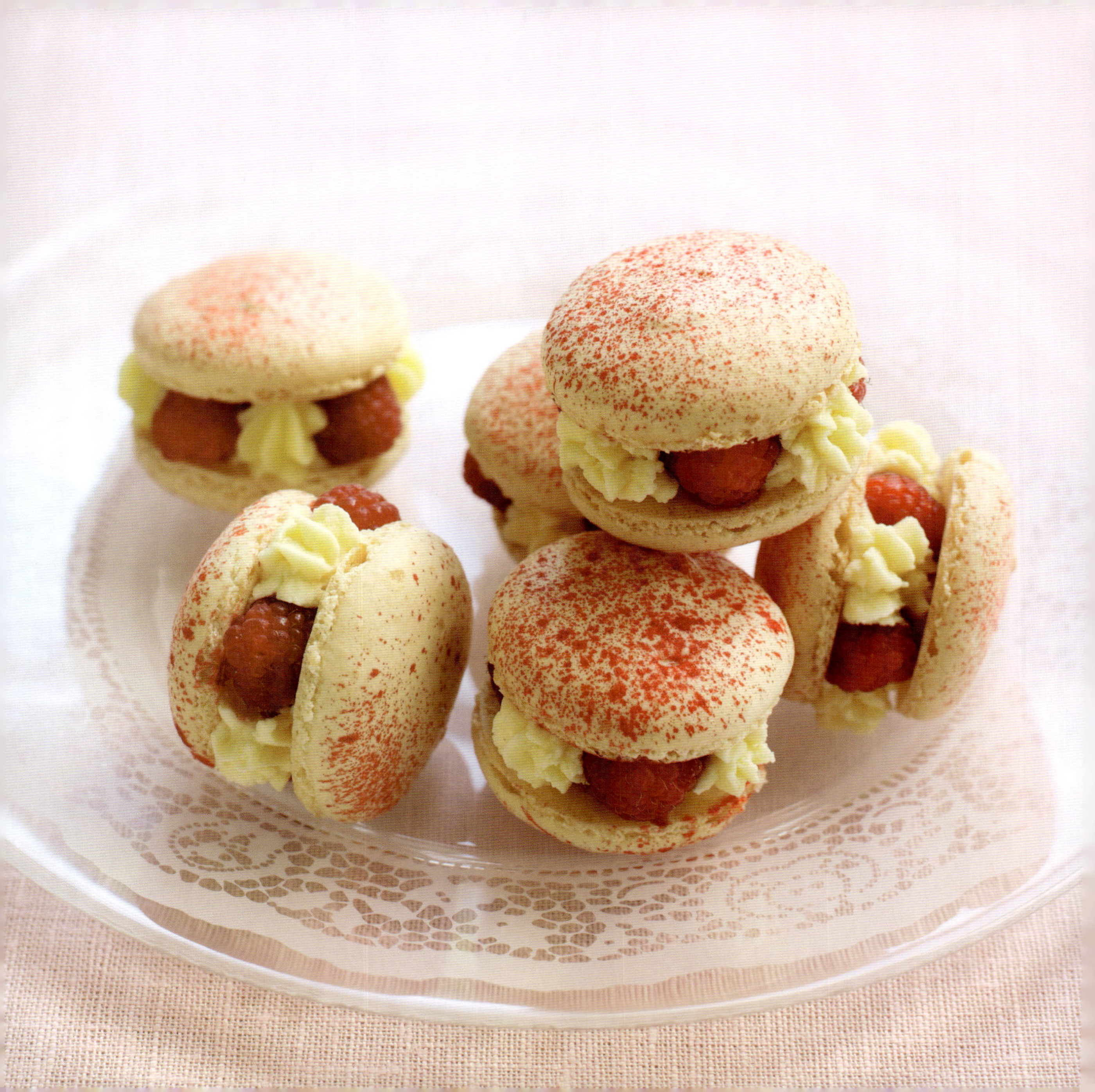

Mergulhe levemente as cerdas de uma escova de dentes limpa no corante líquido. Com as pontas dos dedos, "salpique" sobre os macarons não assados, para obter um efeito parecido com os quadros de Jackson Pollock.

chocolate branco & framboesa

1 receita de Macarons Básicos (p. 6)
1 col. de chá de extrato de baunilha
Corante líquido vermelho

recheio

1 receita de Ganache
de Chocolate Branco (p. 13)
200 g / 1½ xícaras de framboesas

2 tabuleiros resistentes, forrados com papel vegetal
Uma escova de dentes limpa
Um saco de confeitar com bico/ponta em estrela

Prepare os macarons conforme a receita da página 6, adicionando o extrato de baunilha à mistura de merengue no passo 4.

Molde círculos da mistura nos tabuleiros. Bata-os de leve na bancada de trabalho. Pingue um pouco de corante vermelho em um pires e mergulhe a escova de dentes limpa nele. Bata as cerdas levemente sobre os macarons, para que fiquem salpicados de vermelho. Deixe-os descansando por 15 minutos a 1 hora.

Pré-aqueça o forno a 170°C (325°F – Gas 3). Asse os macarons na prateleira do meio, um tabuleiro por vez, por 10 minutos. Deixe esfriar no tabuleiro.

Encha o saco de confeitar com Ganache de Chocolate Branco e desenhe 4 rosetas perto da borda de metade das conchas. Coloque uma framboesa entre cada roseta e feche. Deixe descansar por 30 minutos antes de servir.

Uma versão do bolo Floresta Negra em um macaron. As cerejas secas, quando mergulhadas em licor e assadas, tornam-se parceiras sublimes para o chocolate.

chocolate & cereja

1 receita de Macarons de Chocolate (p. 9)

recheio

75 g / ½ xícara de cerejas amargas secas

1 a 2 colheres de sopa de licor de cereja

1 colher de sopa de açúcar granulado

1 receita de Ganache de Chocolate (p. 10)

100 ml / ½ xícara de creme de leite fresco

2 tabuleiros resistentes, forrados com papel vegetal

Prepare o recheio antes de fazer as conchas de macaron.

Coloque as cerejas secas em uma panela pequena com o licor, o açúcar e 2 colheres ce sopa de água. Cozinhe em fogo baixo até um pouco antes do ponto de fervura. Tire do fogo e deixe as cerejas de molho por ao menos 2 horas. Elas absorverão o líquido e ficarão redondinhas e suculentas. Enquanto isso, coloque o Ganache de Chocolate no refrigerador para engrossar.

Prepare os Macarons de Chocolate conforme a receita da página 9.

Molde círculos da mistura nos tabuleiros. Bata-os de leve na bancada de trabalho. Deixe descansando por 15 minutos a 1 hora.

Pré-aqueça o forno a 170°C (325°F – Gas 3). Asse os macarons na prateleira do meio do forno, um tabuleiro por vez, por 10 minutos. Deixe esfriar no tabuleiro.

Despeje as cerejas e qualquer suco restante em um processador de alimentos e misture até ficarem bem picadas, porém não homogêneas. Bata levemente o creme e adicione-o à mistura de cerejas picadas.

Espalhe o Ganache de Chocolate sobre metade das conchas. Espalhe o creme de cereja sobre o restante das conchas e feche. Deixe descansar por 30 minutos antes de servir.

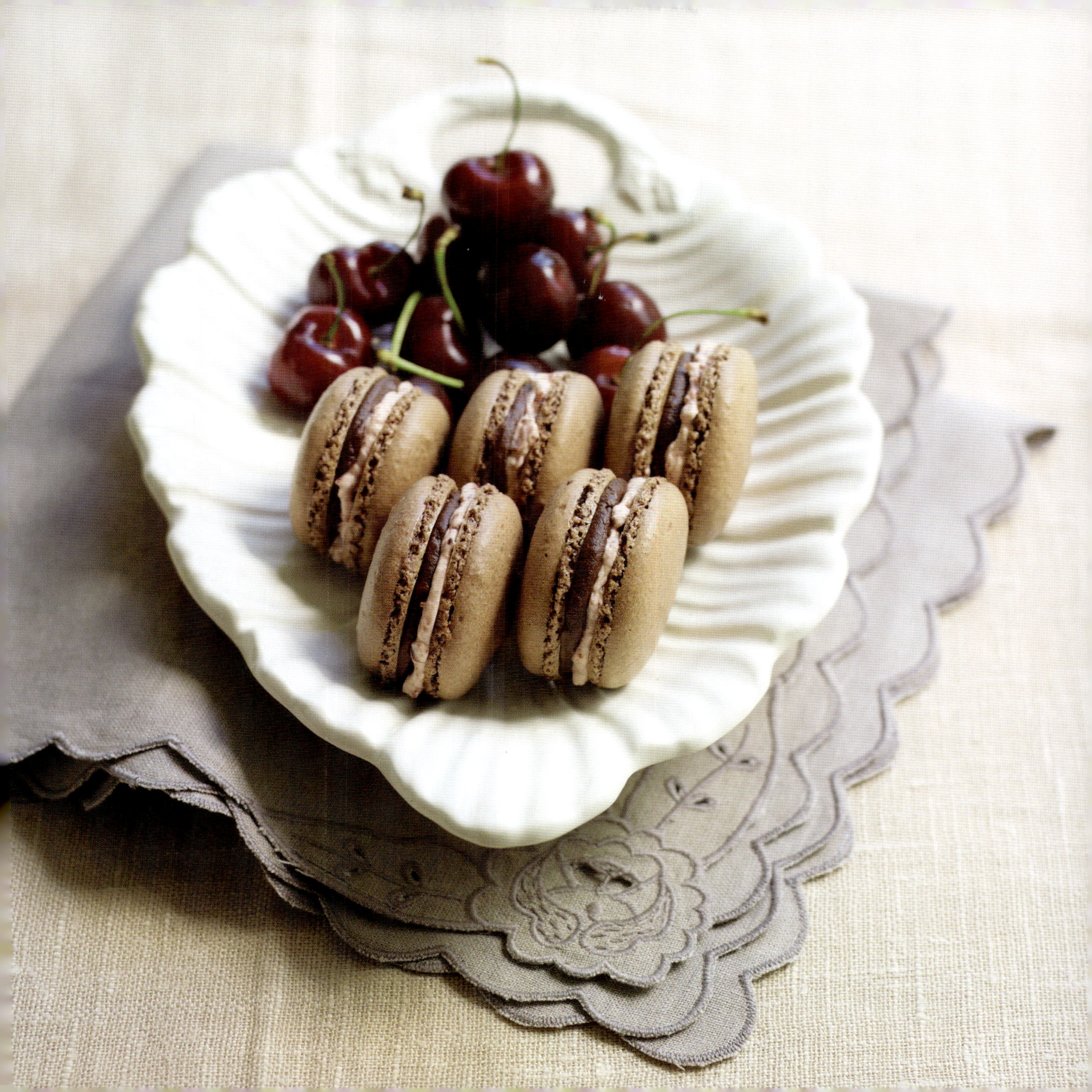

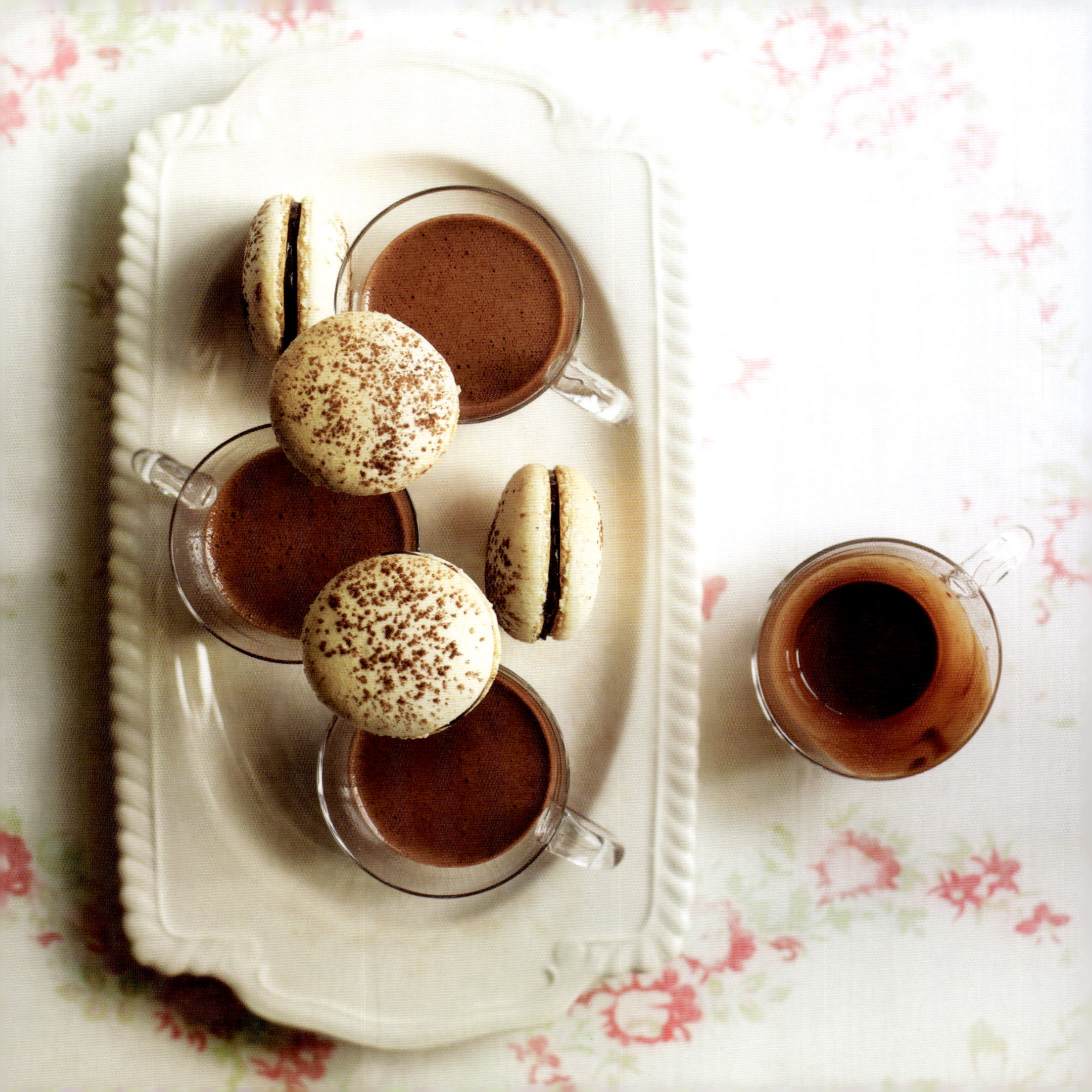

Sirva estes macarons com a calda de um chocolate quente maltado bem forte. Troque sua xícara noturna de chocolate por esta delícia escandalosamente saborosa.

chocolate maltado

1 receita de Macarons Básicos (p. 6)

2 colheres de sopa de leite em pó maltado

Cacau em pó, para polvilhar

recheio

1 receita de Ganache de Chocolate (p. 10)

1 colher de sopa de leite em pó maltado

2 tabuleiros resistentes, forrados com papel vegetal

Prepare os macarons conforme a receita da página 6, adicionando o leite em pó maltado ao processador de alimentos no passo 1.

Molde círculos da mistura nos tabuleiros. Bata-os de leve sobre a bancada de trabalho e polvilhe cacau em pó por cima. Deixe os macarons descansando por 15 minutos a 1 hora.

Pré-aqueça o forno a 170°C (325°F – Gas 3). Asse os macarons na prateleira do meio do forno, um tabuleiro por vez, por 10 minutos. Deixe esfriar no tabuleiro.

Para fazer o recheio, prepare o Ganache de Chocolate seguindo a receita da página 10, adicionando o leite em pó maltado ao creme quente.

Espalhe o recheio sobre metade das conchas e feche com a outra metade. Deixe descansar por cerca de 30 minutos antes de servir.

Primeiro, você sentirá o chocolate. Depois, será atingido inesperadamente por um delicioso sabor de maracujá. Possivelmente, estes são meus macarons favoritos.

chocolate & maracujá

1 receita de Macarons Básicos (p. 6)
Corante em pasta amarelo
Confeitos ou flocos de chocolate

recheio

6 maracujás
1 receita de Ganache de Chocolate (p. 10)

2 tabuleiros resistentes, forrados com papel vegetal

Prepare os macarons conforme a receita da página 6, adicionando corante em pasta amarelo à mistura de merengue no passo 4.

Molde círculos da mistura nos tabuleiros. Bata-os de leve na bancada de trabalho e espalhe os confeitos de chocolate por cima. Deixe os macarons descansando por 15 minutos a 1 hora.

Pré-aqueça o forno a 170°C (325°F – Gas 3). Asse os macarons na prateleira do meio, um tabuleiro por vez, por 10 minutos. Deixe esfriar no tabuleiro.

Para o recheio, corte os maracujás em duas metades e remova as sementes e o suco, colocando-os em uma peneira de náilon ou coador sobre uma panela pequena. Com a parte de trás de uma colher, pressione a polpa através da peneira, que deve render cerca de 4 a 5 colheres de sopa. Coloque a panela em fogo de baixo a médio e leve lentamente ao ponto de fervura. Cozinhe moderadamente até o suco reduzir à metade. Você deverá ter cerca de 1 a 2 colheres de sopa de um espesso suco de maracujá.

Adicione o suco de maracujá espesso ao Ganache de Chocolate e espalhe sobre metade das conchas. Feche com as conchas de macaron restantes e deixe descansar por 30 minutos antes de servir.

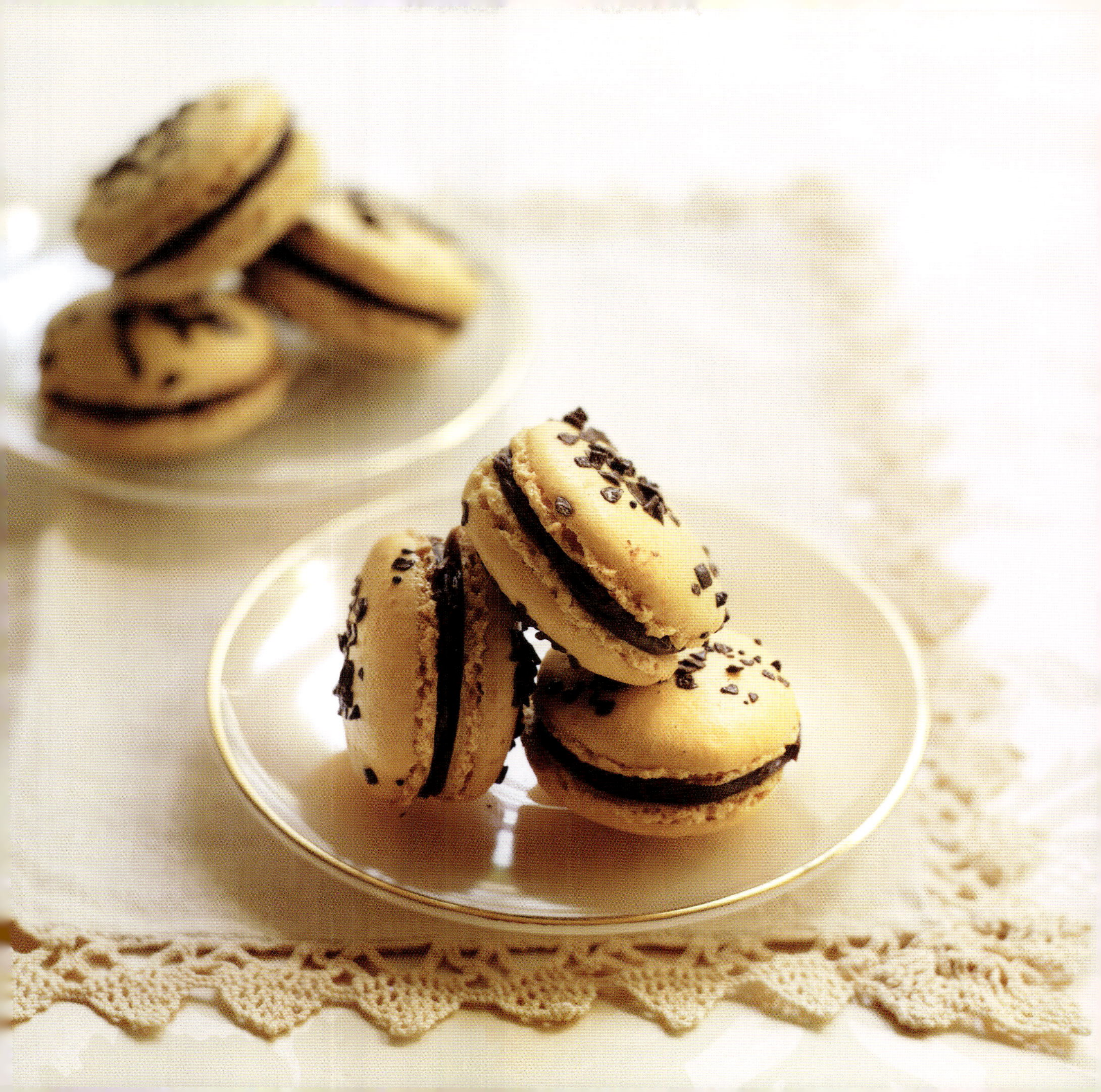

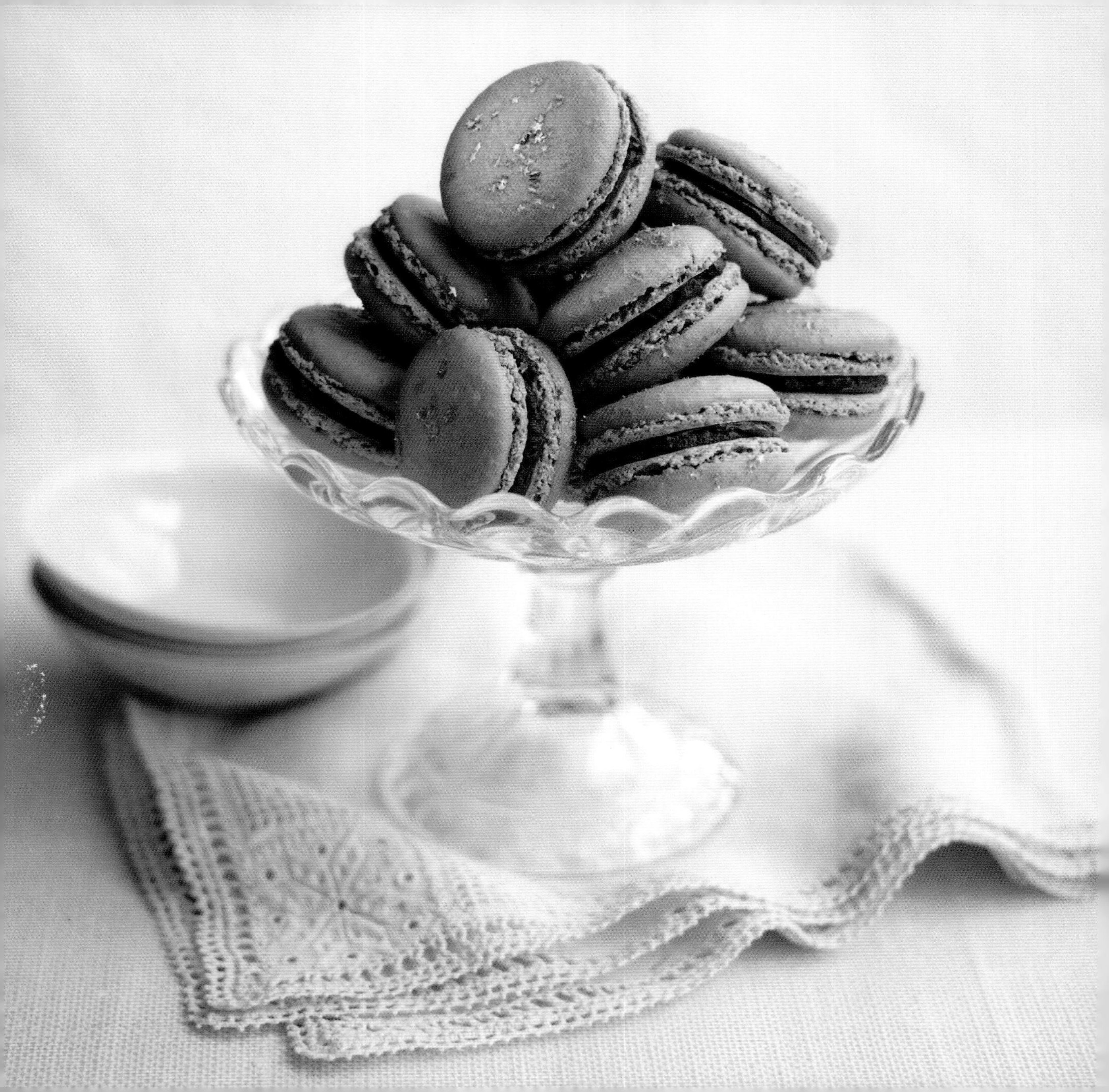

Procure confeitos em forma de estrelas douradas nos fornecedores de doces (p. 4). Espalhe-os sobre os macarons: são perfeitos para épocas de festas.

ganache de caramelo & noz-moscada

1 receita de Macarons Básicos (p. 6)
Corante em pasta marrom
Noz-moscada recentemente ralada
Estrelas douradas comestíveis

recheio

75 g / 1/3 xícara de açúcar refinado

200 ml / ¾ xícara de creme de leite fresco

150 g de chocolate amargo/ meio amargo, bem picado

¼ colher de chá de noz-moscada recentemente ralada

2 tabuleiros resistentes, forrados com papel vegetal

Prepare o recheio antes de fazer as conchas de macaron.

Coloque o açúcar e 1 colher de sopa de água em uma panela pequena em fogo baixo a médio. Deixe o açúcar dissolver completamente. Aumente o fogo e leve até o ponto de fervura, depois cozinhe até o xarope se tornar um caramelo de cor âmbar. Tire a panela do fogo e despeje o creme. Mexa até ficar homogêneo, retornando ao fogo baixo para derreter o caramelo, se necessário.

Coloque o chocolate picado em uma tigela refratária, despeje o creme de caramelo quente, adicione a noz-moscada e mexa até ficar homogêneo. Deixe esfriar, cubra e refrigere até o ponto necessário.

Prepare os macarons conforme a receita da página 6, adicionando o corante em pasta marrom e uma quantidade generosa de noz-moscada ralada à mistura de merengue no passo 4.

Molde círculos da mistura nos tabuleiros. Bata-os de leve na bancada de trabalho e espalhe as estrelas douradas por cima. Deixe os macarons descansando por 15 minutos a 1 hora.

Pré-aqueça o forno a 170°C (325°F – Gas 3). Asse os macarons na prateleira do meio, um tabuleiro por vez, por 10 minutos. Deixe esfriar no tabuleiro.

Espalhe o recheio sobre metade das conchas e feche com a outra metade. Deixe descansar por cerca de 30 minutos antes de servir.

café, caramelo & chocolate

nozes &
condimentos
& tudo de bom

Aqui estão todos os sabores natalinos em uma única mordida. Condimentos fortes e caramelo combinados em um macaron um tanto similar ao biscoito de gengibre.

aroma de biscoito de gengibre

1 receita de Macarons Básicos (p. 6)
1 colher de chá de canela moída
1 colher de chá de gengibre moído
Uma pitada de cravo-da-índia moído
Uma pitada de noz-moscada recentemente ralada

recheio

1 receita de *Buttercream* (p. 11) ou 150 g / 2/3 xícara de *mascarpone*
1 col. de sopa grande de doce de leite
1 colher de sopa de gengibre em conserva bem picado
½ colher de chá de canela moída

2 tabuleiros resistentes, forrados com papel vegetal

Prepare os macarons conforme a receita da página 6, adicionando a canela, o gengibre, o cravo-da-índia e a noz-moscada ao processador de alimentos no passo 1.

Molde círculos da mistura nos tabuleiros. Bata-os de leve na bancada de trabalho e deixe descansando por 15 minutos a 1 hora.

Pré-aqueça o forno a 170°C (325°F – Gas 3). Asse os macarons na prateleira do meio, um tabuleiro por vez, por 10 minutos. Deixe esfriar no tabuleiro.

Para o recheio, coloque o *Buttercream* ou o *mascarpone* em uma tigela pequena e adicione o doce de leite, o gengibre em conserva e a canela.

Espalhe o recheio sobre metade das conchas e feche com a outra metade. Deixe descansar por cerca de 30 minutos antes de servir.

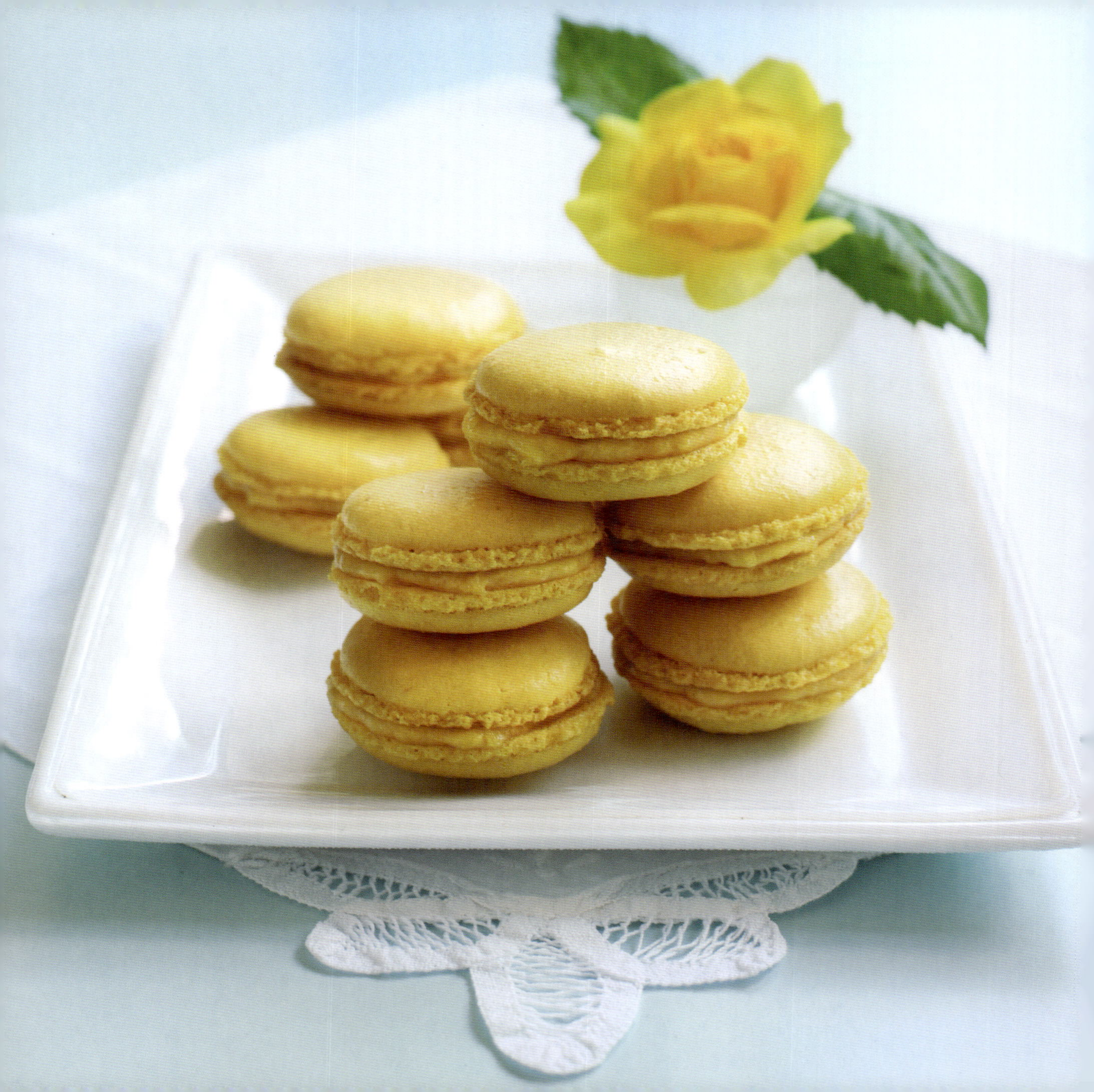

O sabor dos trópicos!
Se encontrar, use as superdoces
e saborosas mangas Afonso.

coco & manga

1 receita de Macarons Básicos (p. 6)
2 colheres de sopa de coco ralado
Corante em pasta amarelo

recheio

1 manga madura
1 colher de sopa de açúcar de palma ou de açúcar mascavo *light*
1 colher de sopa de rum escuro
100 g de chocolate branco, bem picado
Suco de lima recentemente espremido, para dar sabor

2 tabuleiros resistentes, forrados com papel vegetal

Prepare os macarons conforme a receita da página 6, adicionando o coco ralado ao processador de alimentos no passo 1. Adicione o corante em pasta amarelo à mistura de merengue no passo 4.

Molde círculos da mistura nos tabuleiros. Bata-os de leve sobre a bancada de trabalho e deixe os macarons descansando por 15 minutos a 1 hora.

Pré-aqueça o forno a 170°C (325°F – Gas 3). Asse os macarons na prateleira do meio do forno, um tabuleiro por vez, por 10 minutos. Deixe esfriar no tabuleiro.

Para o recheio, corte as laterais da manga, pique a polpa em cubos e remova a casca. Jogue a polpa em uma panela pequena com o açúcar e o rum. Cozinhe em fogo baixo a médio até a manga ficar bem mole e começar a caramelizar. Tire do fogo, deixe esfriar um pouco, e adicione o chocolate branco. Bata no processador de alimentos até ficar homogêneo. Adicione o suco de lima espremido para dar sabor. Provavelmente será necessário apenas 1 colher de chá para equilibrar os sabores.

Use uma concha para colocar o recheio de manga em uma tigela. Deixe esfriar antes de cobrir. Refrigere até estar pronto para consumo.

Espalhe o recheio sobre metade das conchas e feche com a outra metade. Deixe descansar por cerca de 30 minutos antes de servir.

nozes & condimentos & tudo de bom

Faz pouco tempo que aceitei esta combinação de sabores. Tinha tudo para dar errado, mas funciona. O creme de amendoim caseiro realmente faz toda a diferença.

creme de amendoim & framboesa

1 receita de Macarons Básicos (p. 6)

2 colheres de sopa de amendoins sem casca, sem pele e sem sal

Amendoins extras, bem picados, para salpicar

Confeitos de açúcar rosa

recheio

75 g / ½ xícara de amendoins sem casca, sem pele e sem sal

1 colher de sopa de glacê/ açúcar de confeiteiro

3 col. de sopa de leite condensado

2 col. de sopa de manteiga sem sal

4 col. de sopa de geleia de framboesa

Uma pitada de sal

2 tabuleiros resistentes, forrados com papel vegetal

rende 30 unidades

Pique bem os amendoins em um processador de alimentos.

Prepare os macarons conforme a receita da página 6, adicionando os amendoins ao processador de alimentos no passo 1.

Molde círculos da mistura com 2,5 cm nos tabuleiros. Bata-os levemente sobre a bancada de trabalho. Salpique os amendoins bem picados em metade das conchas e os confeitos de açúcar na outra metade. Deixe os macarons descansando por 15 minutos a 1 hora.

Pré-aqueça o forno a 170°C (325°F – Gas 3). Asse os macarons na prateleira do meio do forno, um tabuleiro por vez, por 7 minutos. Deixe esfriar no tabuleiro. Deixe o forno aceso.

Para fazer o recheio, coloque os amendoins em uma assadeira e asse no forno por 5 minutos ou até dourar. Tire do forno e deixe esfriar por 2 a 3 minutos antes de picar bem no processador. Adicione o açúcar, o leite condensado, a manteiga e o sal, e bata novamente até a mistura se tornar creme de amendoim.

Espalhe o creme sobre metade das conchas de macaron. Espalhe a geleia de framboesa nas conchas restantes e junte as duas metades. Deixe descansar por 30 minutos antes de servir.

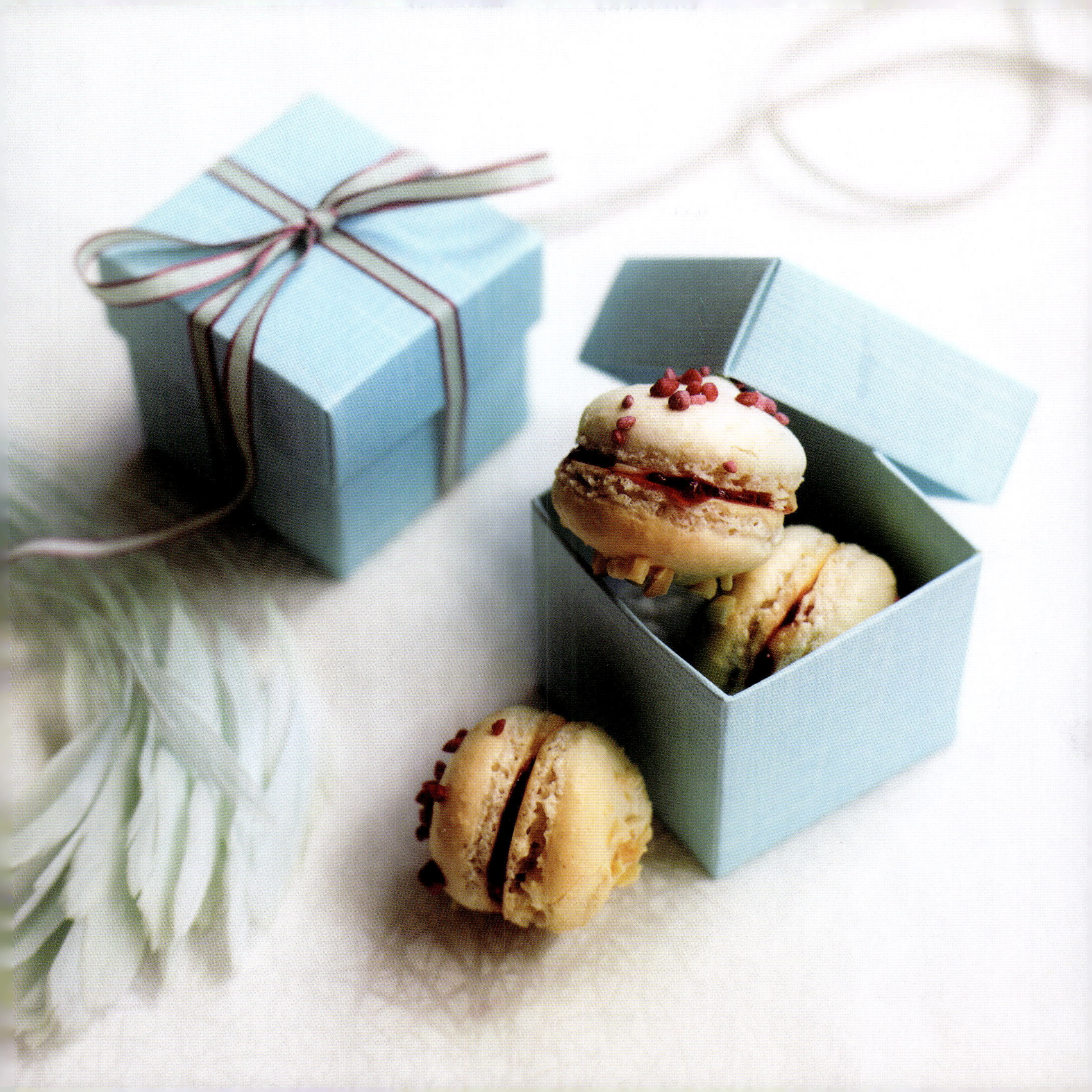

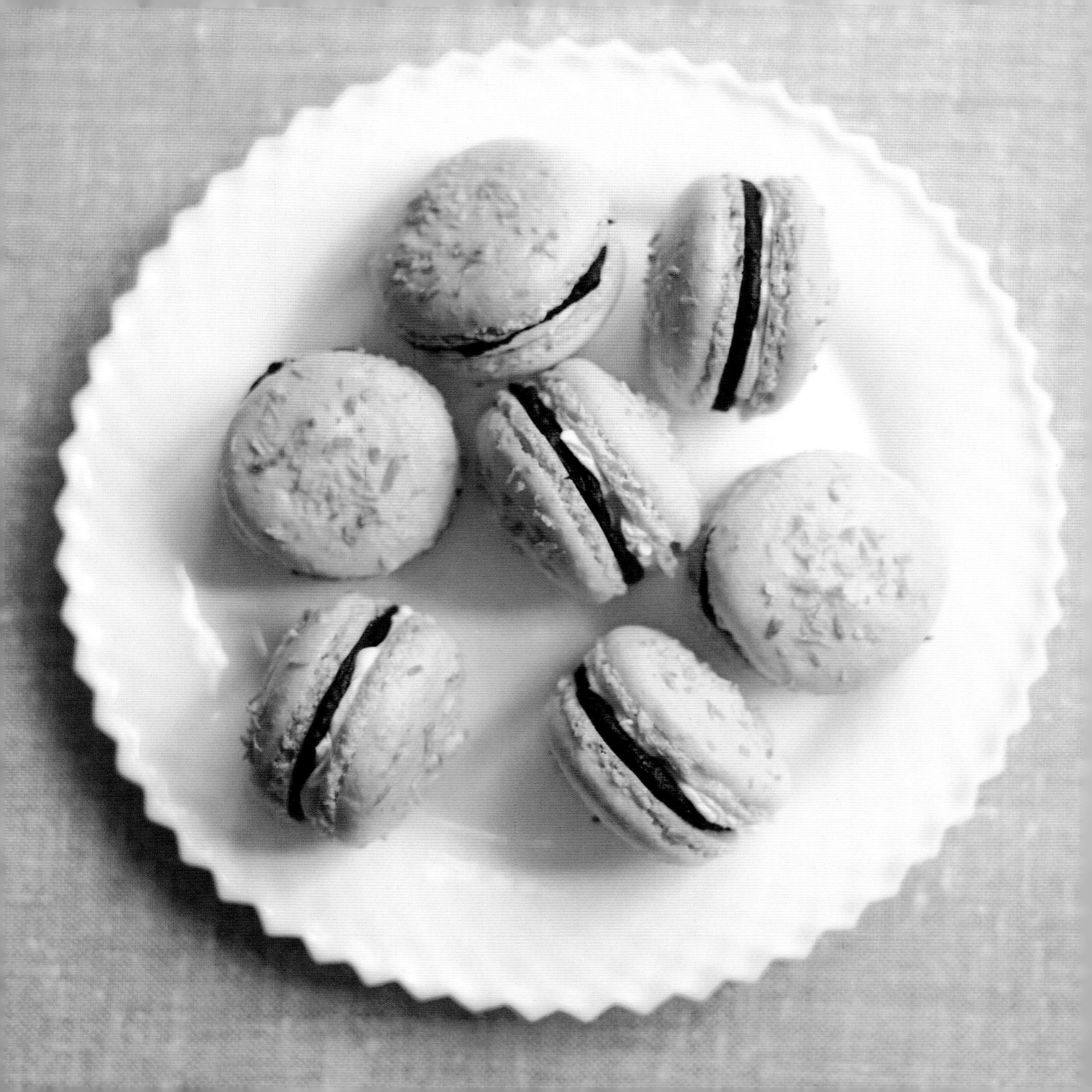

A adição de coco às conchas deixa os macarons ainda mais deliciosos, se é que isso é possível.

coco & chocolate

1 receita de Macarons Básicos (p. 6)
3 colheres de sopa de coco ralado

recheio

150 ml /2/3 xícara de creme de leite fresco

1 receita de Ganache de Chocolate (p. 10)

2 tabuleiros resistentes, forrados com papel vegetal

Prepare os macarons conforme a receita da página 6, adicionando 2 colheres de sopa de coco ralado ao processador no passo 1.

Molde círculos da mistura nos tabuleiros. Bata-os levemente na bancada de trabalho e espalhe a colher de sopa de coco ralado restante por cima. Deixe descansando por 15 minutos a 1 hora.

Pré-aqueça o forno a 170°C (325°F – Gas 3). Asse os macarons na prateleira do meio do forno, um tabuleiro por vez, por 10 minutos. Deixe esfriar.

Para fazer o recheio, bata levemente o creme. Espalhe-o sobre metade das conchas. Espalhe o Ganache de Chocolate sobre o restante das conchas e junte as duas metades. Deixe descansar por 30 minutos antes de servir.

O caramelo é delicioso de qualquer maneira, mas a combinação com amêndoas é celestial. Adicione chantilly e você terá um macaron incrível.

pralinê de amêndoa

1 receita de Macarons Básicos (p. 6)

2 colheres de sopa de amêndoas em lascas, picadas

1 colher de sopa de glacê/ açúcar de confeiteiro

recheio

50 g / 1/3 xíc. de amêndoas sem pele

50 g/ 1/4 xíc. de açúcar refinado

125 ml / 1/2 xíc. creme de leite fresco

3 tabuleiros resistentes

Prepare o recheio antes de fazer as conchas de macaron. Pré-aqueça o forno a 180°C (350°F – Gas 4). Forre 2 tabuleiros com papel vegetal e unte o terceiro com óleo de girassol.

Coloque as amêndoas sem pele em uma assadeira e asse no forno pré-aquecido por cerca de 5 minutos. Deixe esfriar um pouco.

Coloque o açúcar e 1 colher de sopa de água em uma panela pequena em fogo baixo a médio e deixe o açúcar se dissolver completamente. Aumente o fogo e leve até o ponto de fervura. Cozinhe até o xarope se tornar um caramelo de cor âmbar. Adicione as amêndoas assadas e mexa para que sejam envoltas no caramelo. Coloque a mistura do pralinê no tabuleiro untado e deixe até esfriar completamente. Quebre o pralinê frio em pedaços e bata no processador de alimentos até ficar bem moído. Guarde em um recipiente hermético até o momento do consumo.

Prepare os macarons conforme a receita da página 6.

Molde círculos da mistura nos tabuleiros. Bata-os levemente na bancada de trabalho. Espalhe as amêndoas em lascas picadas e o glacê/açúcar de confeiteiro por cima. Deixe descansando por 15 minutos a 1 hora.

Pré-aqueça o forno a 170°C (325°F – Gas 3). Asse os macarons na prateleira do meio do forno, um tabuleiro por vez, por 10 minutos. Deixe esfriar no tabuleiro. Bata levemente o creme e adicione ao pralinê moído. Espalhe o recheio sobre metade das conchas e feche com a outra metade. Deixe descansar por 30 minutos antes de servir.

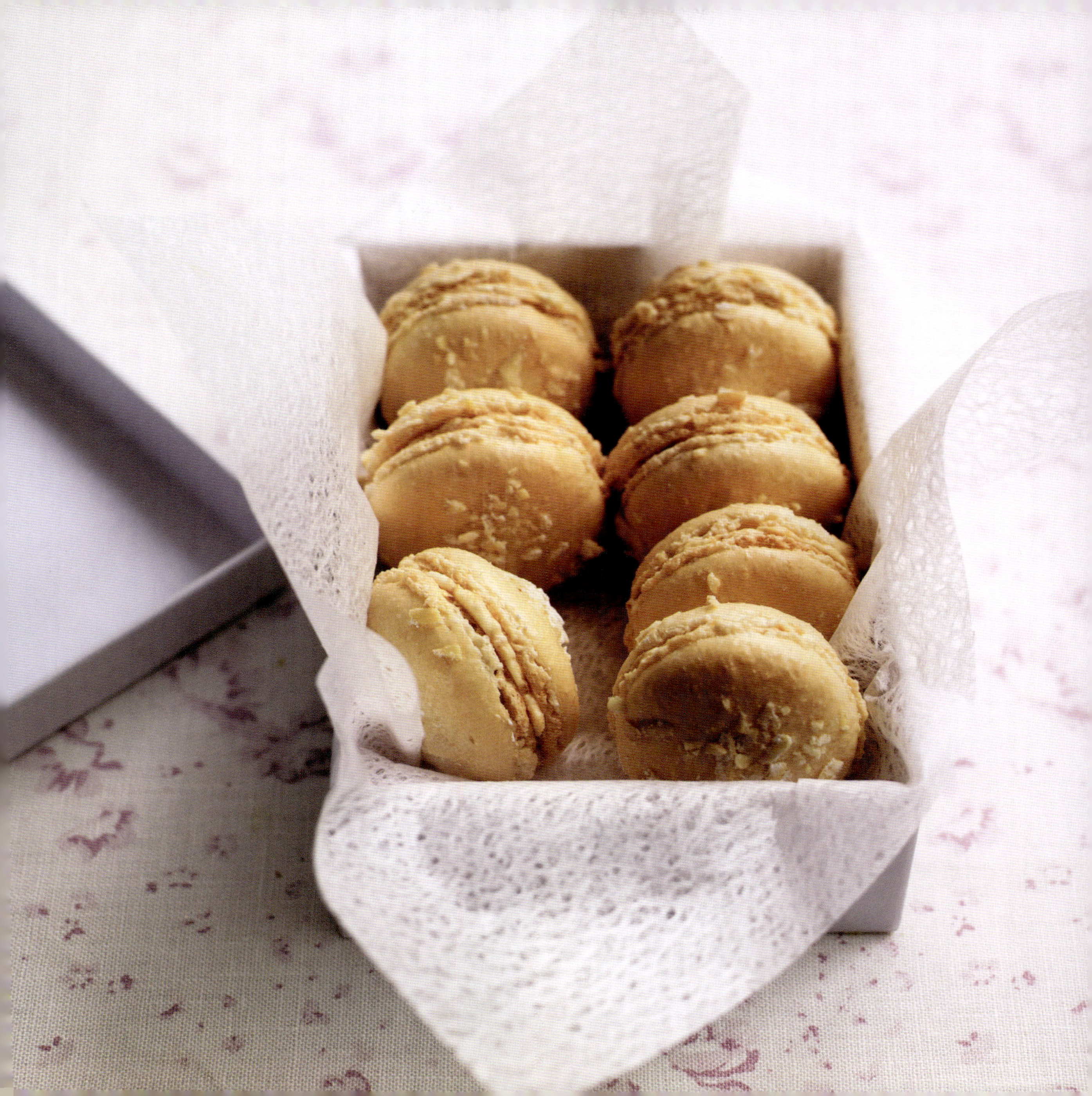

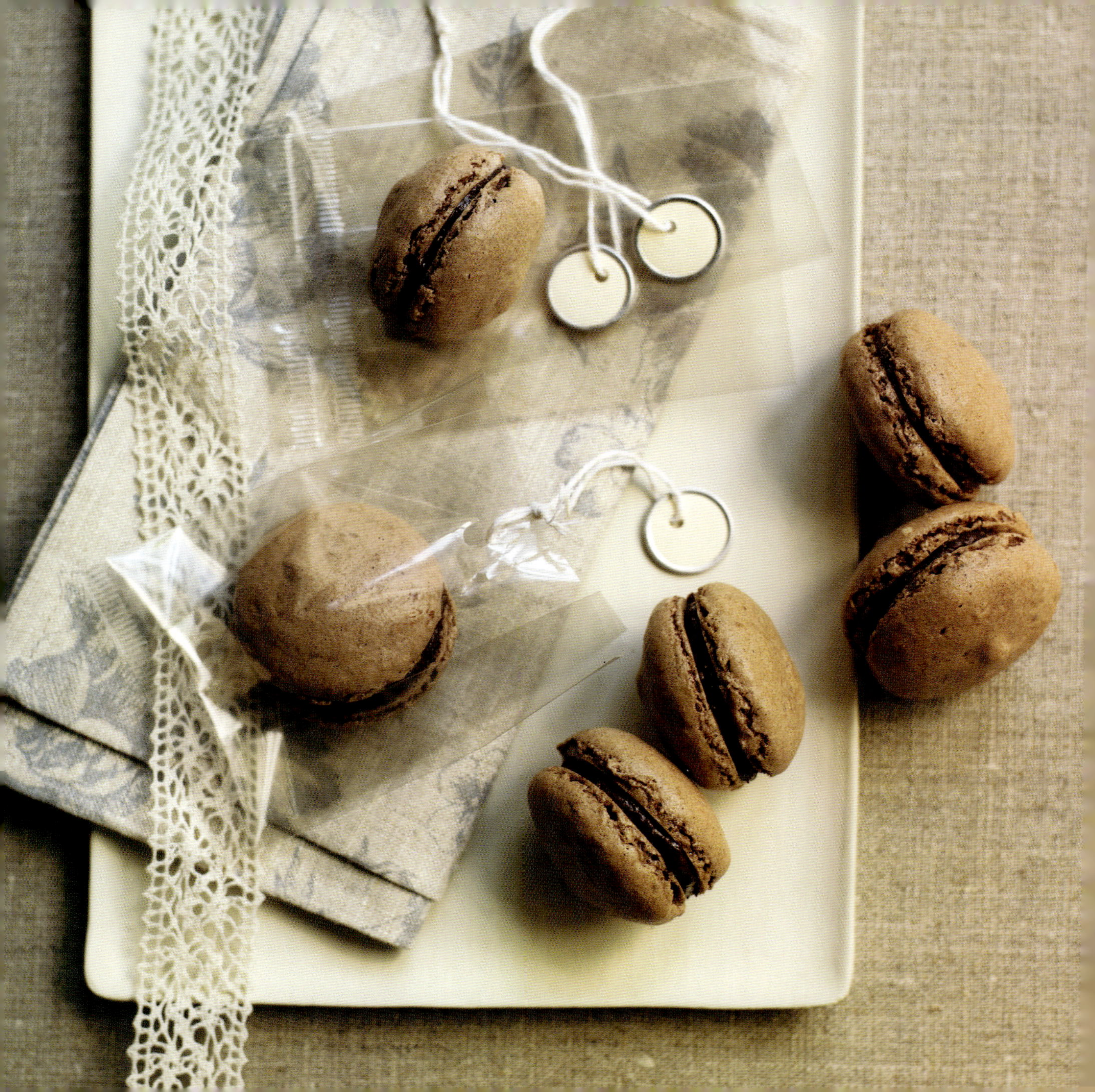

Estes minimacarons são recheados com um creme caseiro de chocolate e avelã – uma versão totalmente mais sofisticada da variedade industrializada.

avelã & chocolate

1 receita de Macarons Básicos (p. 6, mas siga as instruções à direita)

50 g / 1/3 xíc. de avelãs moídas

1 col. de sopa de cacau em pó

recheio

35 g / 1/4 xícara de avelãs sem pele

4 colheres de sopa de leite condensado

50 g de chocolate escuro/meio amargo, bem picado

1 colher de sopa de creme de leite fresco

Uma pitada de sal

2 tabuleiros resistentes, forrados com papel vegetal

rende 30 unidades

Prepare os macarons conforme a receita da página 6. No Passo 1, adicione 50 g/1/3 xícara de avelãs moídas e 1 colher de sopa de cacau em pó ao processador de alimentos, junto com os demais ingredientes. Prossiga com a receita.

Molde a mistura em círculos de 2,5 cm sobre os tabuleiros. Bata-os de leve sobre a bancada. Deixe descansando por 15 minutos a 1 hora.

Pré-aqueça o forno a 170°C (325°F – Gas 3). Asse os macarons na prateleira do meio do forno, um tabuleiro por vez, por 7 minutos. Deixe esfriar no tabuleiro. Deixe o forno aceso.

Para o recheio, coloque as avelãs sem pele em uma assadeira pequena e asse no forno pré-aquecido por cerca de 7 minutos. Deixe esfriar levemente. Bata em um processador de alimentos até ficar bem picado e começar a se juntar.

Derreta o leite condensado e o chocolate em um micro-ondas ou em uma panela pequena em fogo baixo. Quando estiverem derretidos e homogêneos, despeje no processador de alimentos com as avelãs moídas e misture até ficar homogêneo. Adicione o creme de leite e o sal e misture novamente. Deixe ficar levemente espesso.

Espalhe o recheio sobre metade das conchas e feche com a outra metade. Deixe descansar por 30 minutos antes de servir.

Se você acha que balas de menta após o jantar são irresistíveis, experimente estes macarons: você será conquistado! Serão um ótimo presente para quando você jantar na casa de um amigo.

menta & chocolate

1 receita de Macarons Básicos (p. 6)

Corante em pasta verde

recheio

25 g de folhas de menta frescas

40 g / 3 colheres de sopa de açúcar refinado

150 g de chocolate amargo/meio amargo, bem picado

2 tabuleiros resistentes, forrados com papel vegetal

Prepare o recheio antes de fazer as conchas de macaron.

Esmague um pouco as folhas de menta com as mãos e coloque em uma panela pequena com o açúcar e 100 ml / ½ xícara de água. Leve lentamente até o ponto de fervura para que o açúcar se dissolva. Ferva lentamente por 3 minutos. Tire do fogo e reserve para infundir por pelo menos 1 hora.

Coloque o chocolate em uma tigela refratária. Leve o xarope de menta novamente até o ponto de fervura e peneire-o sobre o chocolate picado. Mexa até derreter e ficar homogêneo. Antes de usar, deixe esfriar e engrossar um pouco.

Prepare os macarons conforme a receita da página 6, adicionando corante em pasta verde à mistura de merengue no Passo 4.

Molde círculos da mistura nos tabuleiros. Bata-os levemente sobre a bancada de trabalho e deixe descansando por 15 minutos–1 hora.

Pré-aqueça o forno a 170°C (325°F – Gas 3). Asse os macarons na prateleira do meio do forno, um tabuleiro por vez, por 10 minutos. Deixe esfriar no tabuleiro.

Espalhe o recheio sobre metade das conchas de macaron e feche com a outra metade. Deixe descansar por 30 minutos antes de servir.

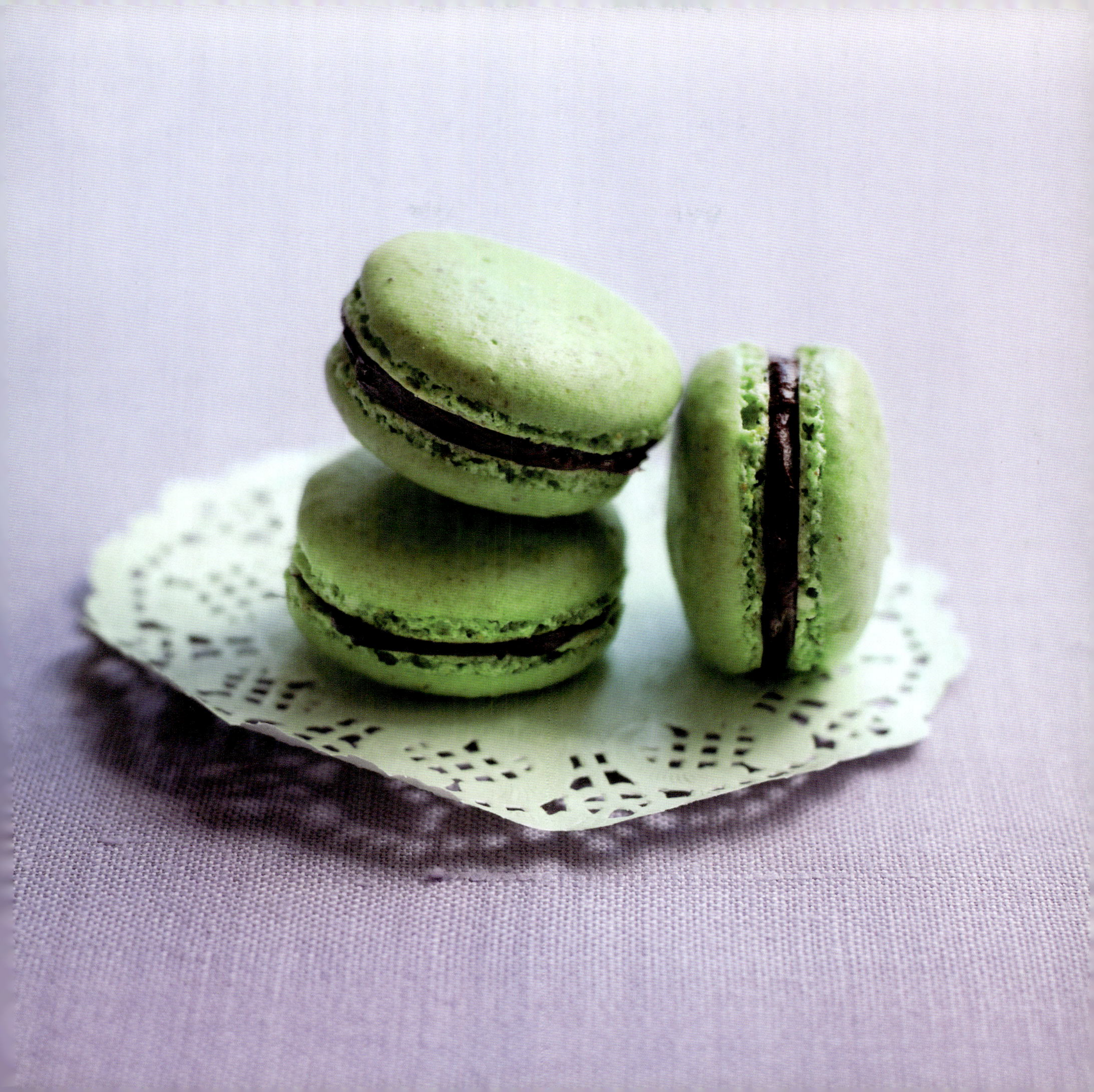

índice

A
Amaretto
   damasco & amêndoa 21
Amêndoas 15
   damasco & amêndoa 21
   macarons básicos 6–7
   pralinê de amêndoas 58
Amoras
   maçã & amora 29
Aroma de biscoito de gengibre 51
Aromatizantes 8–9
   combinações 14–17
Avelã & chocolate 61

B
Bananas
   banoffee 38
Bater claras de ovo 6
Baunilha
   creme de baunilha 11
   mirtilo & baunilha 19
Buttercream 11

C
Café
   cappuccino 35
Caramelo
   aroma de biscoito de gengibre 51
   caramelo salgado 37
   ganache de caramelo &
   noz-moscada 49
   pralinê de amêndoas 58
Caramelo salgado 37
Cassis & chocolate 22
Cerejas
   chocolate & cereja 42
Chocolate 9, 14
   avelã & chocolate 61
   banoffee 38
   cassis & chocolate 22
   chocolate & cereja 42
   chocolate & maracujá 46
   chocolate branco & framboesa 41
   chocolate maltado 45
   coco & chocolate 57
   coco & manga 53
   cremes de violeta 26
   ganache de caramelo &
   noz-moscada 49
   ganache de chocolate 10
   ganache de chocolate branco 13
   menta & chocolate 62
Chocolate branco & framboesa 41
Claras de ovo, bater 6
Coco 14
   coco & chocolate 57
   coco & manga 53
Combinações celestiais 14–15
Combinações criativas 16–17
Comum 15
Confeitar, sacos de 7
Corantes em pasta 8
Creme
   amendoim & framboesa 54
   banoffee 38
   caramelo salgado 37
   chocolate & cereja 42
   coco & chocolate 57
   creme de baunilha 11
   de limão 10
   de violeta 26
   ganache de caramelo &
   noz-moscada 49
   ganache de chocolate 10
   ganache de chocolate branco 13
   maçã & amora 29
   pralinê de amêndoa 58

D
Damasco & amêndoa 21
Doce de leite
   aroma de biscoito de gengibre 51

F
Framboesas 9
   chocolate branco & framboesa 41
   creme de amendoim &
   framboesa 54
   framboesa & maracujá 33

G
Ganache
   de caramelo & noz-moscada 49
   de chocolate 10
   de chocolate branco 13

L
Leite em pó maltado 15
   chocolate maltado 45
Limão 9

M
Macarons Básicos 6–7
Maçã & amora 29
Mangas
   coco & manga 53
Maracujá
   chocolate & maracujá 46
   framboesa & maracujá 33
Mascarpone
   aroma de biscoito de gengibre 51
   creme de mascarpone 13
   damasco & amêndoa 21
Menta & chocolate 62
Mirtilo & baunilha 19
Morangos & creme 30

N
Noz-moscada
   ganache de caramelo &
   noz-moscada 49

O
Óleos, aromatização com 8

P
Pasta, corantes em 8
Pistache 9
Pó, corantes em 8
Pralinê de amêndoa 58

R
Recheios 10–13
Rosa 25
Rum
   coco & manga 53

S
Sabores tradicionais 8–9
Sacos de confeitar 7